集団的自衛権とイスラム・テロの報復

宮田 律
山本武彦
木村修三
水谷 周

青灯社

集団的自衛権とイスラム・テロの報復

装幀　眞島和馬

目次

医療でパレスチナに貢献してきた日本
作家村上春樹氏のメタファー（暗喩）
自然と人間の調和
日本人の安全保障に貢献する日本の製品
平和を求めるイスラムの人々、ハーフェズの詩より
少女のノーベル平和賞受賞と、イスラム、女子教育
死者と生者
イスラムの人びとに銃を向ける可能性

はじめに——中東からの声

ドイツ・メルケル首相の教訓

二〇一五年三月九日、浜離宮朝日ホールでドイツのメルケル首相の講演（主催：朝日新聞社、ベルリン日独センター）を聴く機会があった。次に講演の主な内容を記す。

〈第二次世界大戦はドイツがナチズム、戦争、ショアー（ユダヤ人虐殺）から解放された契機となったが、ドイツが周辺諸国からの信頼を得られたことがその後のドイツの平和的な発展に役立った。ドイツはホロコーストなどの過去と向き合い、長年の敵国であったフランスとも和解から、さらに友情を介した関係に発展させている。

日本とドイツは、エボラ出血熱、二酸化炭素の削減などでも協力して取り組む課題がある。ドイツも日本も若い世代の負担が増え、少子高齢化などの共有する問題を抱えている。イランの核問題、ウクライナの紛争でも平和的解決をドイツは考えているし、南シナ海の問題はアジアとヨーロッパを結ぶ海運の安全に関わる問題でもある。

ドイツは女性を社会の活力とすることを考え、近隣諸国からも優秀な女性を招くつもりでいる。また日独両国の絆を強化するために、より多くの日本の若い人たちにドイツに留学してもらいたいと思っている。

世界の紛争の解決のためには、国連の役割の拡大が必要で、ここでも日本とドイツは協力できる。

表現の自由は政府にとって脅威ではない。政府は様々な意見に耳を傾ける必要がある。〉

メルケル首相の発言は同じ敗戦国として日本にも教訓を与えるものだろう。国連の機能の拡大は米国の単独主義への警鐘にも聞こえ、実際ドイツはフランスと並んでイラク戦争に明確に反対を唱えた国だった。日本が国連安保理の常任理事国になっても米国に盲従するだけではまったく意味がないと思う。ドイツが常任理事国入りしたら、米国にも苦言を呈することもあるだろう。

ドイツのように、近隣諸国との対話や交流を行い、またソフトパワーを介して諸外国の信頼を得ていくことが日本の安全保障を高めることになる。

メルケル首相の言うように、日本とドイツが共通して取り組むべき課題があるというのは、日本とドイツ以外の国についてもいえる。以前、米国で国務省の元官僚が、対イラン制裁が話題になった時に、「米国とイランには多くの点で共に協力できる分野がある。米国とイランは共通の問題意識をもつことによって両国の懸案を乗り越えることができる」と言ったのを思い出す。

二〇一五年三月八日、自民党の党大会では安倍総裁は「（自民党は）無責任な批判にたじろぐことなくやるべきことは毅然とやり遂げてきた」と発言したが、それは「様々な意見に耳を傾ける必要がある」というメルケル首相の姿勢とは異なるものではないか。そして自民党が米国との集団的自衛権を進めて、中東に自衛隊を派遣するような事態になれば、日本人の安全を危険にさらすことになることはいうまでもない。

「対テロ戦争」開始後にイスラム世界を訪ねて

米国が行ったイラク戦争でイラク・サマーワに自衛隊を送ったが、日本人を誘拐したグループは自衛隊の撤退を求めた。米軍やＩＳＡＦ（国際治安支援部隊）がアフガニスタンで一般市民を殺傷し、またアメリカの無人機がパキスタンの部族地域で市民の犠牲を伴う攻撃を行うことが、パキスタンやアフガニスタンで過激な潮流を生んでいる。日本がアメリカ主導で二〇〇一年一〇月に始まった対テロ戦争「不朽の自由作戦（ＯＥＦ）」に協力することは、「殺戮に加担することで、侵略者の行為に等しい」と発言するパキスタンの元外交官もいた。彼はインド洋における海上自衛隊の補給艦によるガソリンの供給はただちに止めるべきだとも語っていた。日本の首相の名前はパキスタンではあまり知られていないが、「対テロ戦争」を開始したブッシュ大統領と個人的に親しく、アメリカのアフガン・イラク戦争に全面的な支持を与えた小泉元首相を知っているパキスタン人は多かった。「小泉ってあのブッシュと一緒にエルビス・プレスリーの家に行き、歌った男か？」という感じで、やはり一国の首相のふるまいは軽くあってはならない。

九・一一事件が発生してからイスラム諸国を訪ねると、対テロ戦争に関する日本の姿勢を問うことにしている。二〇〇七年二月にインドネシアを訪問した時にポソでキリスト教徒の民兵組織と戦っていた「ジハード軍（ラシュカレ・ジハード）」の指導者ジャファル・ウマル・ターリブ氏と話をしたところ、「日本がこれ以上アメリカに協力することは危険だ」と語っていた。ターリブ氏は武装集団の指導者だったにもかかわらず、その表情や素振りには柔和なものがあったが、日本のアメリカへの協力を否定した際の彼の表情には真剣なものがあった。

東京大空襲と空爆の「加害者」を非難しない日本

二〇一五年三月一〇日は、米軍による東京大空襲が行われ一〇万人以上の犠牲者が出た日で、ちょうど七〇年が経過した。追悼する「春季慰霊大法要」が行われた。安倍首相は追悼の大法要に歴代首相として初めて出席し、「過去に謙虚に向かい合い、悲惨な戦争の教訓を深く胸に刻み、世界の恒久平和のために貢献していく」と語った。

この東京大空襲を指揮したカーチス・ルメイ少将は「我々は東京を焼いたとき、たくさんの女子どもを殺していることを知っていた。やらなければならなかったのだ。我々の所業の道徳性について憂慮することについては『ふざけるな』と言いたい！」と言い放った。

安倍首相が唱える「積極的平和主義」とは、「日本がその国力にふさわしい形で、国際社会の平和と安定のため一層積極的な役割を果たし、国際社会の平和と安定及び繁栄の確保にこれまで以上に積極的に寄与していく」というものだ。これは本来の平和学が主張してきた「貧困や差別、人権侵害、政治的抑圧がなく、それらを改善したり、解消したりすること」を内容とする「積極的平和主義」とは異なる。

昨夏のイスラエルの空爆を中心とするガザ攻撃について日本政府は「我が国は、ガザのパレスチナ武装勢力によるイスラエルへのロケット攻撃を非難するとともに、イスラエル国防軍の空爆により、ガザの一般市民に死傷者が発生している事態を深く憂慮します」というコメントを出した。ガザでは二一〇〇人以上が犠牲になったが、日本政府にはイスラエルの攻撃停止を強く求める姿勢はほとんどなかった。

二〇一四年七月八日にガザ攻撃が始まる直前の六日、日本政府はエルサレムで開催された「日本・イスラエル・ビジネスフォーラム」（日本貿易振興機構JETROなどの主催）を支援した。このフォーラムで茂木敏充経済産業大臣は、イスラエルとの経済連携に意欲を示し、産業R&D（研究開発）協力に関する覚書を交わした。また、ネタニヤフ首相が来日した二〇一四年五月、共同声明は国家安全保障面の対話促進など軍事的協力関係を強く打ち出した。「武器輸出三原則」を解禁した日本政府は、イスラエルが購入するF35戦闘機などの兵器の共同開発を進めようとしている。F35は将来イスラエルによる空爆に使用される可能性が高いことはいうまでもない。

イギリスに本拠を置くNGO「イラク・ボディー・カウント（IBC）」は、二〇〇九年四月の時点で米国など「有志連合」によるイラク戦争での空爆の犠牲者の三九％が子供たちで、また女性は四六％と見積もっている。（『インディペンデント』の記事）

日本は空爆によって多数の市民の犠牲者が出たイラク戦争を真っ先に支持した国だった。東京大空襲の記念日に世界の恒久平和に努力していく決意を示すならば、日本政府は無辜の市民の犠牲が出る空爆についてはそれが同盟国の行動であろうと、強く反対の声を上げるべきではないか。それこそ「積極的平和主義」にかなった姿勢だと思う。

二〇一五年日本人人質事件とヨルダンからの声

二〇一五年に日本人の人質二人が「イスラム国」に殺害された事件を受けてヨルダンの「イスラム過激派」を研究する人や、その関係者にヨルダンの「アル・ガド（明日）」紙の記者サアド・ハッタル氏を通じてインタビューを試みた。そこで多く聞かれたのは日本の安倍政権が米国の同盟国として「イスラム国」を敵視して、「イスラム国」と闘う国々に対して支援を約束したことが、「過激派」から日本人が標的にされる背景となったというものだった。

次に彼らの発言を紹介してみよう。

アメル・サバイレ（ヨルダンの政治アナリスト・ヨルダン大学政治学科元教授）

〈日本のトヨタはテロリストたちに広く使われていて、日本のシンボルになっている。日本はテロリスト・グループの主要なターゲットではなかったが、しかし現在は米国との同盟関係によって、彼らの敵となった。中東地域に関する日本の米国と協調する姿勢によって、日本はテロリストたちの長期的な標的となったといえよう。日本が「イスラム国」の敵となったのは、安倍首相が中東諸国を訪問し、米国の反「イスラム国」のキャンペーンに同調して、二億ドルの支援を約束したからだ。彼のスピーチ後、二四時間もしないうちに、日本人二人の人質はビデオに現れ、同じ金額だけの身代金が要求された。

日本の外交姿勢によって、日本は「イスラム国」の敵となったのだ。二人の日本人たちが殺害されたことによって、日本はいっそう「過激派」との戦いの外に身を置くことが困難になっただろう。世界中にいる日本人や日本政府や企業関連の施設を標的とすることは、米国との同盟関係への報復なのだ。米国の外交官たちが「過激派」の標的となったように、日本の外交官たちが標的になる可能性は排除できない。米国との同盟勢力を攻撃することは「過激派」の活動の一つの中心となっている。〉

ムラド・バタル・シンシャニ（ヨルダンの政治アナリスト・「ジハーディスト（ジハード［武装闘争］によって政治の変革や欧米の打倒を考える人びと）」に関するBBCの専門家）

〈「イスラム国」や他のジハーディスト・グループは、日本を欧米の同盟国と考え、米国との同盟ではイギリスと同様の立場にあると見なしている。「イスラム国」は広島・長崎の原爆に言及するものの、日本を「クッファール（不信仰者・神の敵）」と考えている。

日本の「イスラム国」との戦いへの支持表明は、日本人人質を殺害することによって、そ

でいない。〉

ハッサン・アブー・ハネイエ（アルカイダ研究で多くの著書がある政治アナリスト）

〈二〇一四年九月、日本が「イスラム国」に対する同盟に加わるまで、アルカイダを含む国境を越えたジハーディスト集団には日本に対する特別な関心はなかった。これらのグループは日本に対して特筆すべきメッセージもなかった。しかし、日本が反「イスラム国」同盟に加わると、彼らの日本に対する方針は劇的に変化し、二〇一五年一月の日本人人質の斬首でピークに達した。特に「イスラム国」に見られるこの変化は、根深いものだ。日本が「同盟」に参加した後に、ジハーディスト・グループは日本を「敵」と見なし、暴力による標的とするようになった。ジハーディストの運動はフィリピン、インドネシアなどアジア東部にもあることを忘れてはならない。世界中にいる日本人とその施設は「過激派」の攻撃対象となった可能性がある。日本は将来においてその利益と国民を守ることに多くの注意を払わなければならない。

「イスラム国」や他のジハーディスト集団にとって、日本は第二次世界大戦後ずっと敵として認識されることはなかったが、現在は彼らのターゲットとなった。日本は二〇一四年九月まで「同盟」に加わることはなく、中東イスラム世界との関わりは文化と経済の分野に踏みとどまっていたが、しかし安倍政権の「賢明ではない」政策とともに、日本は歴史的な「転換」を迎え、ジハーディスト集団から敵意を買うことになった。日本とジハーディストの良好ではない関係が二〇〇一年の九・一一事件後に始まったともいえる。日本は米国との同盟の中に身を置き始めた。日本は米国の指示を受ける中東政策よりも、中東についてはかつてのように干渉しない政策に戻るべきだ。私は日本の政治指導者たちに、日本は政治的には国内問題に専念すべきで、米国の中東政策に無批判に追従すべきではないと言いたい。

米国の同盟の一員になることと、国連安保理決議に従うこととはまったく同じことではない。このような同盟は日本を利することにはまったくならない。日本は第二次世界大戦後にずっと追求してきたように、中東イスラム諸国と経済や文化交流を中心にした関わりを行っていくべきだ。日本が、宗派や民族のモザイク社会であるイラクに関わろうとすればするほど、イラク情勢は複雑となって日本は危険の中に身を置くことになる。〉

アブー・サイヤーフ（五〇歳のヨルダンのサラフィスト運動の有名な活動家）

彼はヨルダン南部のマアンでのジハーディスト運動の指導者と考えられている。アブー・サイヤーフは二〇〇六年に欠席裁判で死刑判決を受け、治安部隊の説得で自首して逮捕された。自首したことで、二〇〇七年に一五年の実刑判決に減刑された。しかし、二〇一一年六月に新たな恩赦によって釈放されている。二〇〇二年一月のラマダンの際に、スレイマン・ファナトシェという人物が拘禁中に警察によって殺害される事件が発生すると、ヨルダン南部のマアンの町で暴動が発生した。アブー・サイヤーフはこの暴動の首謀者と考えられた。ヨルダン政府当局によれば、彼は様々なテロ計画に関与したと考えられている。

このアブー・サイヤーフはヨルダン政府当局によれば、様々なテロ計画に関与したとされている。そのテロ活動の中心はヨルダン南部のマアンで、マアンは一九八九年に大規模なデモが発生し、それによって戒厳令の解除を実現したように、ヨルダンの政治改革の潮流を担ってきたところでもある。ヨルダンの戒厳令は一九六七年の第三次中東戦争から二二年間施行されてきた。ヨルダンはこの措置で軍政から民政に移管されることになった。

ヨルダンのジハーディストたちは、九・一一事件後にヨルダン政府が米国に擦りよる姿勢に反発し、アブー・サイヤーフは二〇〇二年一〇月二八日のＵＳＡＩＤ（米国国際開発庁）の職員ローレンス・フォーリーの暗殺事件にも関わったという嫌疑をもたれたものの、結局起訴はされなかった。ヨルダンのジハーディストたちは、ヨルダン王政が米国の「対テロ戦争」に協力して、アブー・サイヤーフへの政治的抑圧も行っていると考えているが、彼はヨルダン国内でジハーディストの最高意思決定機関である「シューラ（協議）評議会」を設立したと見られるほどヨルダン国内のジハーディストの重要人物だ。彼は次のように、日本について語る。

〈日本は異教徒の国だが、日本がジハーディストを攻撃しなければ、日本は標的となることはない。しかし、現在日本は米国の同盟国であるから、そのことへの「罰」を当然受けることになるだろう。たとえば、「イラクのアルカイダ」のアブー・ムーサブ・ザルカウィはイラクのシーア派の人間だけを標的にしていた。その理由を尋ねられた時、ザルカウィはイラクのヤズィード派、サービア教徒、また世俗主義者たちはスンニ派を攻撃しないから攻撃の対象としないと語った。

かりに我々が日本にテロを行えば、日本に居住するムスリムが影響を受けるだろう。彼らは日本で礼拝やモスク建設など宗教活動の自由があるために我々とすれば、当然それを考慮しなければならない。

ヨルダンでは、たいていのジハーディストたちは体制変革（革命）を考えている。王政は宗教的にまったく不敬虔だからだ。しかし、われわれには現在多くの仲間たちが投獄されるなど革命を実行するだけの準備や力がない。

日本は米国の同盟に入ったことで、我々の敵となった。欧米との「同盟」に入っている限り日本との闘争は我々の視野にある。日本は、イスラム地域を攻撃し土地をうばい、分割した欧米諸国やチェチェンを攻撃したロシアなどムスリムを直接攻撃し、殺害した国々とは異なるが、決して安穏としてはいられないだろう。〉

マルワン・シェハーデ

いわゆる「イスラム過激派」研究の専門家で、このテーマについては五冊の本を刊行し、「過激派」についてはフィールドワークも数多く行っている。

〈「イスラム国」は日本の安倍首相の中東訪問以降、日本を敵と見なすようになった。イスラムでは世界を「平和の家」「戦争の家」と二元的にとらえるが、米国に直接、間接的に支援を行う国は「戦争の家」に属す「敵」と見なされ、日本はこの「戦争の家」に属す「敵」となった。米国に物質的、あるいは経済的な支援を行う日本はすでに敵となり、国内外における日本人は「イスラム国」の標的となっている。

「イスラム国」と和平状態にある「平和の家」に属す国々は彼らから敵と見なされない。

イスラムの国であれ、非イスラムの国であれ、「イスラム国」と非戦闘状態にある国は「イスラム国」の直接的な敵意を受けるものではない。「イスラム国」には日本を「敵」に含めることに躊躇があった。二〇一四年八月に湯川遥菜氏が拉致された際にも日本政府に対する直接的なメッセージを送ることもなかった。二〇一四年一一月に後藤健二氏が拉致された後にも「イスラム国」は日本に対する敵対的な姿勢を見せることはなかった。

安倍首相がエジプトで二億ドルの支援を「イスラム国」と闘う国に提供すると言ったことを契機に、「イスラム国」はアラブ世界や日本の世論に訴え、日本に対して同額の身代金を要求するようになった。二億ドルの身代金が本気でなかったことは、その額が大きいこと、日本に対して解放交渉の時間的制限があまりに短かったことでも明らかだ。

「イスラム国」のねらいは日本人に米国の同盟国側にいることがいかに危険かを思い知らせることによって、日本を「イスラム国」に対する同盟から離反させることが目標だったのではないか。しかし、「イスラム国」が日本人解放交渉でヨルダン空軍パイロットまで取引材料に出させたことで、「イスラム国」は日本とヨルダン、双方の社会にパニックを起こし、混乱させることに成功した。

日本人がどこにいようとも、「イスラム国」の標的にするというのは日本に対する心理戦で、日本政府の国民からの信頼を失墜させることが目的なのだと思う。〉

ムーサー・シュテウィ（ヨルダン大学戦略研究センター所長）

〈「イスラム国」の最大の敵は米国で、日本は実際のところは彼らからそれほど意識されていない。「イスラム国」の活動はイラクやシリアに限定されていて、日本にまで行動範囲は及ばないし、また日本人をターゲットにするほどの活動の余力もない。米国主導の「有志連合」には六〇カ国も参加していて、日本をとりわけ敵と特定するとは考えにくい。「イスラム国」のねらいは日本政府を困惑させ、日本の世論に訴えて、日本を「有志連合」から離脱させることが目的だったのだろうと思う。我々のセンターが二〇一五年三月に実施した世論調査によれば、わずかに一％のみが「イスラム国」に共感を覚え、二％が「イスラム国」はテロリスト・グループではないと回答し、九五％が「テロ組織」と断定した。〉

米国の特殊な事情によって起こされる中東イスラム世界での紛争

イラク戦争開戦直後にイラクの隣国のトルコに行ったが、トルコに住むアラブ人たちも「アメリカは石油のために戦争をしている」と語っていた。アメリカが石油のために中東イスラム世界に介入しているという思いは、ムスリム全般に共有されているのではないか。

一九九三年に発生したニューヨーク世界貿易センター爆破事件の首謀者として逮捕されたエジプト人の聖職者オマル・ラフマーン師も「アメリカは石油獲得のために湾岸戦争を起こした」と語っていた。

確かにイラクの石油利権の獲得もアメリカによるイラク戦争の一つの背景だったかもしれない。しかし、アメリカによる戦争は軍需産業の利益追求と、規模が膨れ上がった軍部の意向も背景にあることを忘れてはならない。永続的な世界平和の実現のために、軍産複合体の構造がいかに不合理なものかを私たちは次世代の人々のために訴え続ける責任がある。

ネオコンなど軍産複合体の利益を代弁する人々が提唱したイラク戦争は世界の多くの人々にとって受け入れられるものではなかった。二〇〇六年一一月三日付のイギリス紙『ガーディアン』は世論調査の結果を発表し、ブッシュ大統領が「危険」と思っている人が七五%もいることを報じた。これは、北朝鮮の金正日総書記の六九%、イランのアフマディネジャド大統領の六二%よりも多い数字だった。

米軍にとって無人機の開発・製造は、自軍の側に犠牲者が出さず、かつ当然のことながら軍需産業に利益をもたらす。しかし、無人機による攻撃は無辜の市民の犠牲をもたらすために、アフガニスタンやパキスタンの反米感情を募らせ、アフガニスタンやパキスタン政府への国民の信頼を低下させることになっている。無人機による攻撃は米政府当局からは「bugsplat（本来は昆虫をつぶす擬音を表す）」と呼称され、その表現からも人命を軽視する性格のものだ。米国オバマ政権による無人機攻撃は、二〇一〇年に年間の犠牲者（民兵・市民を合わせて）の数が七五一人とピークに達している。

日本人二人を殺害した「イスラム国」は、日本が十字軍陣営に入ったことを強調していた。本来イスラムという宗教には、キリスト教やユダヤ教に対する対決的視点や行動は希薄であり、イスラム共同体の下では各宗教や民族コミュニティーは共存するシステムをもっていた。各宗教の信徒たちは、相互の存在を認め、その存在を受容することによって各宗教間の平和を維持していたのである。イスラムと他の宗教との相互の対立が生まれるのは、十字軍の体験や、ヨーロッパ植民地主義勢力がオスマン帝国に進出し、帝国が弱体化する過程で西欧のナショナリズムの考えが移入されてからのことである。

本書は、一般社団法人・現代イスラム研究センターで活動する理事たちによって著され、主に中東イスラム世界との関わりで安倍政権が推進する「集団的自衛権」に疑義を呈するものである。

副理事長の山本武彦・早稲田大学名誉教授は安全保障論が専門で、軍縮研究に長年取り組んできた。国際連合安全保障理事会に設置された一七一八委員会（北朝鮮制裁委員会）では専門家パネルの委員（二〇一〇年一〇月〜二〇一一年九月）を務めたこともある。本書の論稿では集団的自衛権の法的問題、安倍政権による「自主憲法」「自主防衛」「自主外交」の危険性を論じている。

理事の木村修三・神戸大学名誉教授は、長年米国の中東政策やイスラエル外交、また中東における核兵器の問題について研究を行い、米国の中東イスラム世界政策の矛盾を指摘してきた。オバマ政権によるドローン（無人機）攻撃がいかにテロの拡散を招いているかを明らかにした。

理事の水谷周・日本ムスリム協会理事は、宗教としてイスラム研究の立場からアラビア語文献を豊富に用いて数々の著作を刊行するなど、イスラム学に習熟し、本書ではイスラムという宗教の見地から集団的自衛権を論じている。中東イスラム世界の対日感情の推移、イスラム世界と欧米諸国関係の発展とその問題点、また日本の政策課題が論じられている。

中東イスラム世界で築かれてきた親日感情は日本にとっては重要な資産で、その資産が日本人の安全を高めることになってきた。日本の技術力の高さ、広島や長崎に原爆を落とされ、米国に戦争で敗れたにもかかわらず目覚ましい復興や経済発展を遂げた日本、また日本人のイスラムの人々に対する礼儀正しさや高い道徳観などは日本人のイメージを高め、日本は「過激派」の敵とは考えられていなかった。日本への感情が曇るのは、不合理で、根拠がまったく希薄なイラク戦争を小泉政権が真っ先に支持したこと、また安倍首相が対米感情を重視して「テロとの戦い」を強調し、米国との集団的自衛権の確立に意欲を示すなど、イスラム世界に軍事介入を行ってきた米軍に擦りよる姿勢を鮮明にするからである。

本書は、主に中東イスラム世界研究の見地から、また安全保障論の視点から安倍首相の進める集団的自衛権など海外派兵に異を唱えるものである。この本の読者の方々が趣旨を理解し、賛同され、日本の将来に禍根を残さないための意思を表明されたり、声を上げたりされることを著者たちは望んでいる。

Ⅰ　集団的自衛権の何が問題か？

1　さらなる解釈改憲への布石

そもそも、近代国家では国の基本法である憲法とそれに基づいて国や国民相互の関係などを規律するために制定される法律によってすべてが動く。

つまり、近代国家では、政治権力は個人の自由と権利を保障するために憲法によって行動を規制され、その濫用を防止するために立憲主義に基づく政治が行われる。これは近代民主主義国家に共通する基本原則であり、社会科で中学生や高校生ですら習って知っていることだ。

むろん、そこでは立憲主義をないがしろにする政治権力の恣意的行使は許されない。

当然、民主政治は国民主権と基本的人権の尊重に基づく「法の支配」の原則に沿うものでなければならない。

こうした近代民主政治の根本を支える理念や原則から逸脱する政治権力の行為があれば、それは当然のことながら正されなければならない。ところが、特に第二次安倍政権発足後の二年余の間に行われてきた憲法解釈をめぐる変更過程は、立憲主義にもとる行為によって覆われてきたといっても言い過ぎではない。

いうまでもなく、日本国憲法は国民主権と基本的人権の尊重と恒久平和主義を三大基本原理としている。なかでも恒久平和主義は前文に掲げられた国際協調主義と一体となって、他国の憲法には見られない珠玉の輝きを見せてきた。世界に類例を見ない戦争放棄を規定した憲法第九条がノーベル平和賞候補にあげられたのは、決して絵空事ではない。

ところが二〇一二年十二月の総選挙で勝利した自民党が第二次安倍政権を立ち上げて以降、このような第二次世界大戦後の日本の行く末を定めた憲法秩序に真正面から挑戦する動きを先鋭化させてきた。

もっとも、二〇〇六年に第一次安倍政権が成立して以来、その動きは自民党内部で熟成されつつあったといっていい。

当時、安倍首相は、同年五月に首相肝いりの私的諮問機関として柳井俊二元外務事務次官を座長とする「安全保障の法的基盤の再構築に関する懇談会（安保法制懇）」を発足させ、集団的自衛権の容認を視野においた地ならしを始める。それまでの自民党政権にはなかった憲法解釈のさらなる変更を求める動きが始まったのだ。

当時、議論された一つの事例は、北朝鮮がアメリカ向けに発射したミサイルを途中で日本が迎撃できるかどうかというものであった。そのほか韓国に駐在するアメリカ市民が乗船する艦船の護衛など、同盟関係にあるアメリカ市民の安全を同盟国である日本が保証しようとする内容が、想定される集団的自衛権の発動対象として議論されようとしていた。

そもそも、国策の根幹にかかわる憲法解釈のありようをめぐって、首相の一私的諮問機関にすぎない「安保法制懇」に憲法解釈の変更について諮問すること自体、民主主義の作法になじむものではない。しかも選抜されたメンバーは、右派の論客ばかりである。

第一次安倍内閣は「お友達内閣」と揶揄されたが、ここでもお気に入りの右派の論者だけを集め、思い通りに安全保障政策の根幹を塗り替えてしまおうという算段であったのだろうか？

これほど大切な、国の行く末にかかわる重要な問題を、法律に基づいて設置されるべき機関になぜ諮ろうとしないのか？

しかし、安倍首相が二〇〇七年に病気辞任してこの問題は沙汰やみになった。だが、政権に安倍氏が復帰した二〇一二年以降、息を吹き返す。蘇えった不死鳥のように。

2 「吉田ドクトリン」への挑戦——忍び寄る「岸ドクトリン」の亡霊

いったん消え失せた「安保法制懇」がなぜ息を吹き返したのか。その答えを引き出す手掛かりの一つは、安倍首相の祖父である岸信介元首相が政界に復帰して以来、掲げてきた「自主憲法」、「自主防衛」、「自主外交」の三つの〝自主原理〟の実現を目指す安倍首相の政治姿勢に求めることができよう。すなわち、第一に「自主憲法」とは、占領軍（GHQ）の命令によって作られた現行憲法を日本国民の自主的な意思に基づいて改正することを目指し、第二に「自主防衛」とは、独立国に相応しい防衛力を備え、緊急事態に直面しても独力で戦える軍事能力を築くことを目指し、そして第三に「自主外交」とは外国の意思に左右されることなく日本独自の国益を実現することを目指す原理を意味するが、安倍首相の脳裏を行き交うのはこの三つの原理をいかにして実現するかという策であろう。

戦後の保守政権が一貫して追求してきた基本国策は、軍備に財政資源を過剰に投下しない軽武装路線を軸に据えた経済成長中心主義の路線であった。

この路線を敷いた吉田茂元首相の名を冠して、この国策を我われは「吉田ドクトリン」

急カーブを切るかのように日本の基本国策を大転換しようとする安倍政権の姿勢は、外交・安全保障戦略における「戦後レジーム」の根幹であった「吉田ドクトリン」の命脈を断ち切ろうとする試み、と言い換えてもよい。岸政権を除き、戦後連綿と続いてきた保守政治の命脈を断ち切ってしまおうという行動にほかならない。いまや日本は、安倍首相が蘇えらせようとしている「岸ドクトリン」の亡霊にさいなまれている。国民はこの亡霊の恐ろしさに早く気づかなければならない。そうでないと、そう遠くない将来、日本は再び、もと来た大日本主義の道に戻ってしまわないとも限らない。

3　五五年体制の崩壊と自民党の変質

「吉田ドクトリン」が、日本の基本国策として歴代の自民党政権に受け継がれてきたのには、それなりの歴史的根拠があった。安倍首相が否定してやまない「戦後レジーム」は、先の大戦を経験し軍国主義に抑圧されてきた既成の保守政治家によって形作られ支えられてきた。

戦前のような軍事優先の政治に逆戻りすることだけは避けなければならないという、戦争体験からにじみ出る思いが共通する国策観として自民党の多くの政治家によって共有されてきたのだ。そして、近隣アジア諸国との友好関係を発展させることが共通の問題関心として抱かれてきた。

例えば、自民党のなかでアジア・アフリカ問題研究会（ＡＡ研）が、宏池会などの有力派閥に属する議員によって運営され、政府のアジア政策の決定に大きな影響を与えてきた。

彼らが「吉田ドクトリン」の推進者として一定の役割を演じていたのだ。この流れを形成してきた、例えば宇都宮徳馬や鯨岡兵輔、木村俊夫元外相、河野洋平元衆議院議長、後藤田正晴元官房長官など、ＡＡ研に属さなくとも錚々たる議員が党内ハト派として重きをなしてきた。時の政府の対中国政策や対朝鮮半島政策に対して異を唱える、自民党政権にとって煙たい存在であった。自民党内の野党的存在であった、と言い換えてもいい。

ところが、彼らが引退し世代交代が進むようになった九〇年代後半以降、自民党の外交・安保体質も次第に変質していく。一九九三年の選挙制度改革によって小選挙区比例代表並立制度が導入されたことと相まって、議員の資質が急速に劣化していく。

それに伴い、自民党のリベラル派議員が集まったＡＡ研も休眠状態に陥る。安倍政権の対中国、対韓国政策の停滞に危機感を募らせる野田毅税調会長など、一部の議員がＡＡ研を蘇生させようと試みる。が、ほとんどの自民党議員は安倍政権の外交・安全保障政策に異を唱えることはない。指導者の号令に従って、「右にならえ！」で応じる。そこには、党内野党の姿形はまったく見えてこない。

選挙制度の改変以後、派閥主導型政治から官邸主導型政治へと日本の政治構造が大きく変動していく過程で、自民党所属議員ははなはだしく小物化していき、党執行部の鼻先を常にうかがうようになる。現在の自民党議員の中でどれだけ更なる解釈改憲に大手を振って異を唱える議員がいるだろうか？「物言えば、唇寒し秋の風」とばかりに口を閉ざす。次の選挙で公認から外されることを最も恐れるからだ。中選挙区制時代には、派閥が後ろ盾になってくれたが、いまや派閥にその力はない。我が国は「戦後レジーム」の一面を支えてきた〝不滅の〟「吉田ドクトリン」をあっさりと清算してしまっていいのかどうか。もう一度原点に立ち返って真剣に議論する必要があると思う。

しかも、冷戦の終結と九三年の選挙制度改革とが重なり合って、かつて五五年体制を作り上げてきた日本社会党が消滅し、社民党と党名を変えて以降、五五年体制も消滅してしまう。社民党は今や政界の中の〝絶滅危惧種〟に変わり果てようとしている。五五年体制は自社対決の国内政治構造として、いわば国内冷戦の主戦場となってきた。外交・安全保障案件が国内政治の焦点になった時、すさまじいばかりの自社対決が国会で演じられ、争点となっている案件をめぐって展開される両党の激しい論戦に、国民は固唾を飲んで見守ったものである。

あげくの果てに、法案の通過を阻止しようとする社会党はたびたび牛歩戦術でのぞんだ。この戦術の当否は別にして、国会には一種の緊張感が常に漂っていた。牛歩戦術は一九九二年の国際平和協力法案（いわゆるＰＫＯ法案）が採決に付されたときの参議院本会議を最後に、国会の場から消え去ってしまう。

五五年体制崩壊後の国会には、外交・安全保障案件をめぐるこうした緊張感が漂うことはまったくなくなってしまった。とりわけ、安倍政権による集団的自衛権の行使容認に踏み込んだ憲法解釈の変更をめぐって、丁々発止の国会論戦にお目にかかることはなく、二〇一四年七月一日の閣議決定を迎えることとなる。巨大与党の力の前に〝野党力〟はすっかり消え失せてしまった。

まして、六〇年安保のときのような騒然とした国内情勢が起こることもなく、国民的規模の論議を尽くさないまま、歴代の自民党政権が固守してきたギリギリの憲法解釈は、実にあっさりと覆されようとしている。

さらなる解釈改憲に立ちふさがる有力な野党勢力が存在せず、また五五年体制の有力な支柱の一つとなってきた労働組合運動も政治絡みの運動にはとんと関心を示さなくなった。国民運動を巻き起こすための核となる組織体がまったく存在しない。

これでは政府・自民党の思うがままに、方向を定められてしまうのも無理はない。

4　自公連立政権のなかの公明党

このように自民党が変質を重ねていくなかで、連立政権のパートナーとなった公明党の立ち位置がいやがうえにも注目されてくる。公明党の立党の精神は「平和の党」と「福祉の党」の二本柱で構成されてきた。連立政権の中で公明党がこの二本柱を捨て去ったわけでは決してない。

むしろ、集団的自衛権の解釈改憲を目指す安倍政権の勢いにブレーキをかけてきたことは、現在の連立政権の経過をつぶさに観察すれば容易に理解できる。

二〇一四年七月一日の閣議決定に至る前の政府与党協議で、政府は当初、ペルシャ湾封鎖という事態が発生した場合、石油資源に依存する日本の安全保障にとって重大な脅威となるという認識から、海上自衛隊の掃海艇を派遣して機雷の除去活動に当たらせることまで想定していた。

これに対して公明党は、日本周辺での有事に対応することを前提に集団的自衛権の発動を主張したため、自公間には有事対処をめぐって認識の落差が表面化する。

政府・自民党がペルシャ湾での機雷除去にまで集団的自衛権の地理的な適用範囲を広げ

るという構想は、資源安全保障と経済安全保障の確保という発想と強く結びつく。他方、公明党は軍事的安全保障に絞り込む発想から、日本周辺の有事に発動すべきことを主張し、限りなく個別的自衛権で読み替え可能な解釈にこだわった。

こうした自公間の落差を埋めることを目的に、与党協議会の座長である高村正彦自民党副総裁が持ち出したのが一九五六年の最高裁判所のいわゆる砂川判決であった。むしろ、集団的自衛権の容認に慎重な公明党を説得するための有力な材料として持ち出した感がある。

最高裁判所判例で事件名「日本国とアメリカ合衆国との間の安全保障条約第三条に基づく行政協定に伴う刑事特別法違反被告事件」(事件番号：昭和三四年(あ)第七一〇号)と呼ばれた裁判の判決は一九五九年一二月に言い渡されたが、その中で「国の『存立を全うするために必要な自衛の措置はとりうる』」として日本は自衛権を保有するという解釈を明確にした。

自衛権を保有するといっても、判決は個別的自衛権か集団的自衛権かについて言及したわけではない。この問題をめぐる当時の客観情勢からいっても、どちらにウエートをおいた判示であったかは明らかではない。だが、高村座長の見解はこの判決を基に個別的自衛権はもとより集団的自衛権も憲法上保有できるとし、自衛のために必要最小限の範囲内で集団的措置をとりうるという強引な解釈で、公明党に妥協を迫ったのである。

結局、公明党は高村座長の案に正面から反対することなく、集団的自衛措置を取りうる地理的範囲を日本周辺に限定することで与党協議での主張が受け入れられたと判断し、最終的に妥協した。

連立与党といっても、自民党の圧倒的多数の下では二ケタの少数勢力（平成二七年一月現在の衆参両院議員数五五人）に過ぎない公明党の存在価値は、いったいどこにあるのだろうか。

先にみたように、公明党の二つの基本理念のうちの一つは、「平和の党」である。この理念に立つ限り、公明党はたとえ苦渋の決断であったとしても、歯止めなき海外派兵に道を開きかねない集団的自衛権の容認には何らかの歯止めを設けるために、抵抗しなければならない。

圧倒的多数の自民党による独走と、場合によっては暴走を食い止めなければならない。それを成しうるのは、たとえ少数とはいえ、連立のパートナーである公明党だけだという自負心がほの見える。山口那津男代表が、公明党を〝連立内野党〟と位置付けた理由はまさにこの点にある。

しかし、連立のパートナーであるはずの自民党が二〇一四年末の総選挙で圧倒的多数の勝利を収めてからというもの、政府と一体となって公明党に攻勢をかけ、公明党も守勢一方の立場に追い込まれていく。解釈改憲という本筋のところで妥協を余儀なくされたツケが、やがて回ってくる。

5　解釈改憲の積み重ね

憲法九条に関する政府の見解は、憲法改正によらず解釈を変更することによって時とともに変わってきた。これを我々は解釈改憲と呼ぶ。

政府は自衛権を行使できる地理的範囲については、必ずしも日本の領土・領海・領空に限られないが、武力行使のために武装した部隊を他国に派遣する海外派兵は、自衛のための必要最小限度を超えるものと解釈してきた。

政府はこれまで国会答弁などを通して、自衛権の発動について、①我が国に対する急迫不正の侵害があること、②その場合に、これを排除するための適当な手段が他にないこと、③必要最小限度の実力行使にとどめること、の三要件に該当する場合に限られる、としてきた。

また憲法第九条の下において、自国に対する武力攻撃を阻止するための個別的自衛権の行使はできるが、集団的自衛権の行使は自衛権の範囲を超えるものであり、憲法上許されないという立場をとってきた。国会審議の場で、政府はこの認識を変えることなく、「法律の番人」とも称される内閣法制局も一貫してこの基本認識を堅持してきた。

しかし、二〇一四年七月一日の閣議決定で「武力行使の新三要件」が示され、この要件に沿った集団的自衛権の限定的な行使は容認されるとして、新たな解釈改憲に踏み込んだのである。

「武力行使の新三要件」とは、従来の三要件に加えて、①他国に対する攻撃によって我が国の存立が脅かされ、国民の生命・自由及び幸福追求の権利が覆される明白な危険が生じ、②わが国の存立を全うし、国民を守るために他に適当な手段がない場合も、③必要最小限度の実力を行使できるとした。

閣議決定は言う。「我が国と密接な関係にある他国に対する武力攻撃が発生し、これにより我が国の存立が脅かされ、国民の生命・自由及び幸福追求の権利が覆される明白な危険がある場合において、……必要最小限度の実力を行使することは、……憲法上許容されると考えるべきであると判断するに至った。……上記の『武力の行使』は、国際法上は、集団的自衛権が根拠となる場合がある」

ここでいう、「他国に対する攻撃によって我が国の存立が脅かされ、国民の生命・自由及び幸福追求の権利が覆される明白な危険がある場合」を新三要件と呼んで、従来の三要件とワン・セットにすることが確認された。

では、個別的自衛権と集団的自衛権とはどのような概念で、どこが違うのか。そもそも、この二つの用語が国際政治と国際法上の言葉として使われるようになったのは、現在の国際連合憲章が制定されて以降のことである。

国連憲章第五一条では、「この憲章のいかなる規定も、国際連合加盟国に対して武力攻撃が発生した場合には、安全保障理事会が国際の平和及び安全の維持に必要な措置をとるまでの間、個別的または集団的自衛の固有の権利を害するものではない」と規定し、個別的自衛権と集団的自衛権の双方を国連加盟国は保有することを明記している。

近年、日本政府が「国際法上、集団的自衛権は保有するが、憲法上これを行使することはできない」という立場を堅持してきた根拠の一部はこの規定に拠る。

いうまでもなく、個別的自衛権は我が国に対する他国の攻撃に対して実力をもってこれに反撃し、自国の法益を守るときに発動される権利をいう。これに対して集団的自衛権は同盟関係のような密接な関係にある国が武力攻撃を受けた場合、自国に対する攻撃とみなして実力でこれを阻止する権利をいう。

一九四九年四月に発足した北大西洋条約機構は、第五条で個別的または集団的自衛権を行使して加盟国に対する武力攻撃への対処を規定し、一九六〇年に改定された日米安保条約でも第五条で、「各締約国は、日本国の施政の下にある領域における、いずれか一方に対する武力攻撃が、自国の平和及び安全を危うくするものであることを認め、自国の憲法上の手続きに従って共通の危険に対処するように行動することを宣言する。……」と定め、集団的自衛権の発動を約している。

ここでいう「自国の憲法上の手続き」が日本側にとって憲法第九条の厳しい規定を想定したうえでの規定となっており、日本が集団的自衛権を自動的に発動するには憲法上の制約が伴うことを暗示していることは、いうまでもない。

こうして、安倍政権は個別的自衛権に加え、集団的自衛権をも行使することが憲法上許されるとの解釈を閣議決定で行ったわけだが、こうした解釈改憲は日本国憲法が施行されて以来、歴代の政権によってしばしば繰り返されてきた。

新憲法が施行されて間もなく、一九五二年に吉田茂内閣は「憲法第九条第二項は、侵略の目的と自衛の目的たるとを問わず、『戦力』の保持を禁止している。……右にいう『戦力』とは、近代戦争遂行に役立つ程度の装備、編成をそなえるものをいう」とする政府見解を出す一方、一九七二年に田中角栄内閣は「憲法第九条第二項が保持を禁じている戦力は、自衛のための必要最小限度を超えるものである。それ以下の実力の保持は禁じられていない。……」との政府見解を発表して、解釈の変更が重ねられていく。

そして安倍政権下で集団的自衛権の容認へと更なる解釈改憲が進められようとしている。閣議決定を受けた安全保障法制の整備を進めるための与党協議が進む。

果たせるかな、この間に表れた政府・自民党の意向は、閣議決定に至るまでの間、公明党との協議で合意をみた内容を一見踏まえているようにみえながら、実質的に踏み越えるものとなりつつある。

まず最初に浮上したのが、安全保障法制に関する法案に関して日本周辺における有事を想定して米軍への後方支援を定めた周辺事態法から、「周辺」という文言を削除し、地理的な制約を外そうという政府の意図である。さらに、政府は日米同盟下の米軍への後方支援に加え、オーストラリア軍などをも想定した他国軍への支援を可能にするという趣旨の法案を与党協議の場に提案したのである。

6　安保法制の整備と日米新ガイドライン

ここで思い起こしてみよう。一九九七年に「日米防衛協力に関するガイドライン」が一九七八年の旧ガイドラインに代わって冷戦終結後のアジア・太平洋地域における日米間の防衛協力のあり方を定めた指針として決定された。その過程で大きな論争を呼び起こしたのが、〝日本周辺〟という文言をどのように解釈すべきか、という問題であった。当時の梶山静六内閣官房長官が〝周辺〟には、当然のことながら台湾と朝鮮半島が含まれると語ったことから、「一つの中国」を定めた日中平和友好条約に反する発言として、中国から猛烈な抗議を受け、日中間に緊張が走った。

この事態に終止符を打つことを狙って提起されたのが、当時の加藤紘一自民党幹事長の〝周辺〟概念の定義づけである。加藤幹事長の定義は、「周辺とは、地理的概念ではなく、事態の性質に着目した概念」というものであり、実に巧妙に練り上げられ、極めて曖昧性に包まれた概念である。日本が得意とする「戦略的曖昧性の外交」ドクトリンに、またしても落とし込んで急場をしのごうとしたといえようか。

結局、当時の橋本龍太郎政権はこの定義に則って、〝周辺〟概念を「地理的概念ではなく、事態の性質に着目した概念（not geographical, but situational concept）」として日本政府の公式見解とし、現在のガイドラインの骨格に据えることに成功したのである。ただ、当時、「事態の性質に着目した概念」とは具体的に何を意味するのか、をめぐって議論が交わされ、例えば「事態の性質に着目」するがゆえに、日米防衛協力を地球の裏側で起こった事態にも及ぼすのかといった議論まで行われる有り様であった。

こうした議論の延長線上で日米安保が、二国間安保からグローバル安保へと変質するのではないか、という危惧が囁かれたことも忘れられてはならない。だが、この危惧が単なる杞憂でなかったことが、ここにきてようやく明らかになろうとしている。

当時、冷戦終結後のアジア・太平洋における安全保障環境の激変を受けて改訂された「一九九七年ガイドライン」以降、日本周辺における事態の変化をめぐって日本が事実上の集団的自衛権を行使する可能性がしばしば論議された。その点で、九〇年代後期から集団的自衛権の行使は日米両政府当局の視野に入っていたとも解釈できよう。しかし、政策当局が可能性を論議するのと、政策決定者が基本国策の大転換を打ち出すのとでは国際政治に与える影響の大きさという点で大違いである

こうして安倍政権の追求する更なる解釈改憲による防衛態勢の変更は、従来の日本の防衛国策の根幹に据えられてきた「専守防衛」の基本態勢をも変質させずにはおかない。

専守防衛とは、相手から武力攻撃を受けた時にはじめて防衛力を行使し、その行使は自衛のための必要最小限度にとどめ、同時に保持する防衛力も自衛のための必要最小限度のものに限られるという受動的な防衛戦略の姿勢をいう。

この態勢は、いわば〝防勢的防衛(defensive defense)〟の姿勢を意味しており、たとえ後方支援に力点を置く集団的自衛権の行使であっても、それは明らかに〝防勢的防衛〟態

勢の変質を意味する。

確かに、現在までの安保法制論議を見る限り〝防勢的防衛〟とは正反対の〝攻勢的防衛(offensive defense)〟の態勢に急カーブを切る意図までは感じられない。しかし、安保法制の整備と新しい安保法制の制定に伴って日米間で策定されるであろう「日米防衛協力のための新ガイドライン」が「一九九七年ガイドライン」の前提となっていた「曖昧性のドクトリン」から「日米軍事協力のためのガイドライン」の実質を伴った「明瞭なドクトリン」へと舵を大きく切ることだけは間違いない。周辺事態法から「周辺」の用語を外すとする政府の意向は、まさにこの方向性を示している。

しかも、有事における後方支援を米軍に限らずオーストラリア軍のような同盟関係にない他国軍にまで及ぼそうとする。政府はすでに与党協議の場にその意向を示している。となれば、日本は条約を結ばない形で太平洋安全保障条約（ＡＮＺＵＳ）体制とも軍事的なリンクを形成することになる。オーストラリアはオバマ政権の進める有志連合による「イスラム国」への空爆に参加しており、安保法制が完結した後に自衛隊によるオーストラリア軍への後方支援が視野に入ってこよう。政府はこうした後方支援の拡大を集団的自衛権の行使として説明し、とくに国連憲章第七章に規定する集団安全保障措置がとられない場合でも実施されうることを目指す。むろん、国連決議で集団安全保障行動がとられる場合でも後方支援活動が行われることはいうまでもない。

国連安全保障理事会でロシアや中国が拒否権を発動して集団安全保障行動がとれない場合を想定し、有志連合による軍事行動に際して後方支援を行える余地を広めておくことに狙いがある。さらに、有事とは言えないものの、警察権だけでは対応できない、いわゆるグレーゾーン事態に対して行動する米軍やそれ以外の国の軍事行動に対する防護行動もその対象とすることが予定される。

時には、北大西洋条約機構（NATO）の加盟国である英国やフランスなどとも中東地域やインド洋地域で後方支援体制を組むこともあり得る。テロ特措法以降、自衛隊によるインド洋での給油支援など、NATO諸国に対する後方支援活動はすでに経験ずみだ。こうした後方支援活動を特措法ではなく、恒久法（一般法）に変えることで安定した支援体制を構築するという政府の提案は、安保法制の重要な整備対象となっており、この提案を撤回する意図は政府には毛頭ない。九七年当時に囁かれた「日米安保からグローバル安保」への危惧が、荒唐無稽な議論ではなかったことがようやく立証されようとしている。

7　積極的平和主義のウソ

こうして、安倍政権が執念を燃やす集団的自衛権の行使容認は、日米安保体制をグローバルな規模に展開するかのように、日本の「戦後」を支えてきた不戦のレジームに風穴を開けるかのような勢いを示す。

このような趨勢に危うさと危機感を抱く国民の意識は、ややもすると、第二次安倍内閣が一枚看板に掲げる「積極的平和主義」の外交理念に惑わされ、不戦のレジームが持続するかのような錯覚に陥ってしまいかねない。

むしろ、二〇一四年四月に、佐藤栄作内閣当時の一九六七年に制定され、七六年の三木武夫内閣で強化された武器輸出三原則を「防衛装備移転三原則」に代え、防衛関連技術の友好国への移転規制を緩和して武器輸出の可能性を切り開いたり、二〇一五年二月には政府開発援助（ＯＤＡ）を軍事的用途や国際紛争助長への使用に用いられる用途には供与しないとしてきた従来のＯＤＡ大綱を変更し、部分的にせよ軍関連の用途にも供与することが決定された。

安倍政権はこうした一連の政策変更を「国際協調主義に基づく積極的平和主義」の理念で包み込み、進めてきた。武器輸出三原則にせよ、またＯＤＡ大綱の変更にせよ、これらの政策変更によってアジア・太平洋地域での軍拡に手を貸してしまう危険性は、果たしてないと言い切れるであろうか。果たしてそれは積極的平和主義の名に相応しい政策変更といえるのか。

これまでに制定されてきた安倍政権による特定秘密保護法などの一連の国内法の制定と併せると、とても積極的平和主義を額面通りに受け止めることはできない。むしろ、それは軍事優先主義を包み隠すオブラート以外の何ものでもない。

本来、積極的平和主義の思想は冷戦時代の東西対立が激しかった時代に生まれたものであり、東西間の軍拡競争に資源が優先的に割り当てられ、発展と開発から取り残された第三世界と呼ばれた地域や国に富が行き渡らず、貧困や差別や抑圧に苦しむ人々との間に恒常的に横たわるようになった不平等を構造的暴力と捉えたガルツング(Johan Galtung)の平和学が唱えた概念である。安倍首相のいう積極的平和主義が、それとはまったく関係のない、場合によっては構造的暴力をさらに誘発しかねない危うさをはらむ。

安倍政権の国策の基本概念としてこの用語が公式に登場したのは、二〇一三年一二月に閣議決定された「国家安全保障戦略」においてであった。その後幾度となく外交・安全保障政策の枕詞に「国際協調主義に基づく積極的平和主義」という理念が使われてきた。

だが考えてもみよう。「国際協調主義」は日本国憲法の前文に流れる憲法規範の骨髄そのものであり、積極的平和主義はこの骨髄を支える日本国家の精神そのものを表しているのだ。先の大戦で多くの無辜の国民の生命を奪った軍国主義に決別し、民主主義国家への出発を決意した新生日本に相応しい高邁な理念ではなかったか。

しかも安倍首相は、集団的自衛権の行使に踏み込むことが「抑止力」の強化につながる、といって憚らない。いったい「抑止力」の強化とは、誰を対象にした強化なのか。日米同盟関係を前提にすれば、今のところそれは中国、北朝鮮、ロシアに絞られよう。当然、これらの国々の対日警戒感は高まり、対抗行動を誘発することに疑いを挟む余地はない。「抑止力」になるどころか、場合によっては対抗軍拡の行動を引き起こす誘因ともなりうる。まさに「百害あって一利なし」の発想といっていい。

そもそも、安倍首相の「抑止力」強化の発想には、中国に対して軍事行動をとろうとしているアメリカを日本が積極的に支援しないなら、アメリカは日米同盟からの離脱を持ち出しかねないことへの恐れがあるのかもしれない。この議論は、しばしば「同盟内部の安全保障のジレンマ」として国際政治の専門家から問題提起されてきた。（例えば、Glenn H. Snyder, Alliance Politics. Cornell University Press, 1997. 参照。）軍事的相互依存が弱まれば、同盟関係を結ぶ弱小国は大国から〝見放される〟が、反対に相互依存が深まれば、大国の紛争に〝巻き込まれる〟という両極端のディレンマに悩まされるという仮説が立てられる。この仮説に立てば、安倍首相の発想は集団的自衛権の行使を担保することによってアメリカから〝見放される〟危険を回避しようとする発想、といえようか。

だが、集団的自衛権行使の容認に踏み込んでアメリカとの同盟関係を強化すれば、アメリの進める戦争に〝巻き込まれる〟可能性が一挙に高まることも避けられない。安倍首相のいう「抑止力」強化の発想には、その危うさが潜む。

主権国家体系を基本的な構造とする国際社会のなかで、こうした高邁な理念を国際公共財に仕立て上げていく努力こそが求められる。発展途上地域で活躍する多くの非政府団体（NGO）や、また国際平和協力法に基づいて世界各地における平和維持活動に参加してきた自衛隊の活動でさえも、日本国憲法の「国際協調主義に基づく積極的平和主義」の理念をこうした国際公共財に仕立て上げていく努力の一環として、高く評価できよう。

その高邁な理念を換骨奪胎し、軍事優先国家へと舵を切り代えようとする道具立てに、「国際協調主義に基づく積極的平和主義」の理念を多用する。いかにも姑息で便宜主義的な用い方ではないか。本来の憲法の理念とはかけ離れた、理念のもてあそび、といっても言い過ぎではない。

日本は戦後七〇年にわたり、いっさい武力に頼ることなく非軍事分野を中心に国際貢献を果たし、発展途上地域を中心に世界から高い評価と信頼を得てきた。だが、安倍政権はこの高い評価と信頼を裏切りかねない、「積極的軍事優先主義」に傾こうとしているかにみえる。

さらなる解釈改憲の試みは、誰の目にも立憲主義の放棄と映る。むしろ、集団的自衛権の容認を志すなら、憲法九条の改正を堂々と国民にはかり、国民の過半数の支持を得てから行うべきである。それが立憲主義の王道、というものであろう。

安倍政権の外交・安全保障政策の枕詞となった「国際協調主義に基づく積極的平和主義」を文字通りに解釈すれば、本来なら近隣諸国はいうまでもなく世界の隅々にまで構造的不平等を解消し、紛争の種を摘み取っていくとともに、紛争が発生すれば紛争終結後の社会再建に戦略的援助を行っていく政策の追求が思い浮かぶ。だが、安倍政権の政策は、むろん　これらに遠く及ばない。

8　武器輸出三原則の変更は「積極的平和主義」の実践か

ここで第二次安倍政権が打ち出した、幾つかの安倍流「積極的平和主義」ドクトリンの実践例のうち、「武器輸出三原則」を「防衛装備移転三原則」に変更した事例を取り上げ、それが日本の行く末にとっていかに不吉な兆候を秘めているかをみてみよう。

「武器輸出三原則」は一九六七年に佐藤栄作政権によって定められた武器輸出に関する三つの原則で、①共産圏向け輸出、②国連決議で武器の輸出を禁止されている国、③紛争当事国への武器輸出を認めないという姿勢を鮮明にし、七六年に三木武夫政権によって三原則の対象地域・国家以外に対しても武器輸出を慎むことが決定された。いわば、武器の全面禁輸に等しい内容であり、非核三原則と並ぶ日本の安全保障ドクトリンとして、その後の日本政府を拘束していく。それは、日本が対外的に発した「単独の軍備管理」ドクトリンといっていい。

その後、日米経済摩擦がエスカレートしていくにつれ、米国から軍事・民生両用（dual-use）技術の一方的移転から双方向移転に切り替えるよう要求が度重なるようになっていく。やがて一九八三年一月に中曽根康弘政権の後藤田正晴官房長官から、武器関連技術の対米国移転に限って例外扱いとする旨の発表が行われた。対米武器移転に限るという限定付きながら、「武器輸出三原則」の一角が崩れたのである。

それ以降、日米間の軍事関連高度技術の相互移転は加速していく。これにアメリカが一定の理解と満足を示したことはいうまでもない。七〇年代から八〇年代にかけて、アメリカが、軍事関連高度技術の対日移転を日本は民生技術に応用するという手法で、アメリカの技術優位を脅かしてきたという強い不満を抱いてきた。軍事技術として開発した技術を民生技術に波及させる、いわゆるスピン・オフ技術を日本が民生技術に応用し、アメリカの民生市場を席巻するようになったことに対して強烈な不満と不信を抱いていたのである。

　こうして、中曽根内閣による例外扱いの決定以降、民生技術として開発された日本の比較優位技術がアメリカに移転し、軍事技術に転用される機会が一挙に増えていく。電磁波の吸収剤として開発された技術がレーダー波を吸収する材料（ステルス技術）や炭素繊維を軍用航空機の主翼などの複合材料として使われるなど、多くの民生技術が軍事技術に転用（スピン・オン）される機会が増えていったのである。

　ただ、この傾向にアメリカ側は軍民両用技術の双方向移転への変化として好意的に受け取ったものの、本心では日本が軍事技術開発にウエートを移していくことに不安感と不信感を抱いていたのである。それをはしなくも示した事件が、Ｆ15戦闘機に代わる次期戦闘機としてアメリカの開発したＦ22Ａラプターを日本の防衛省が購入しようとした時に持ち上がった。

　アメリカ議会や国防総省の一部からＦ22Ａラプターの対日輸出はステルス技術などの重要技術の日本への流出を招き、アメリカの航空機部門での技術優位が崩れかねないというものであった。事実、一九八〇年代末に懸案となった次期支援戦闘機（ＦＳＸ）の導入問題の際に三菱重工による国産化が持ち上がったが、当時のアメリカ議会はアメリカ製のＦ16戦闘爆撃機をモデルにした共同開発を強硬に主張し、当時のブッシュ（父）政権と日本政府との間で摩擦が高まったのである。結局、日米両政府の交渉の結果、F16をベースにした航空機の共同研究・共同開発で合意をみたのである。共同研究・共同開発の成果がF1に代わるF2の完成と日本への配備であった。

このように、日本の三菱重工など、兵器産業の技術力に対するアメリカの警戒感には根強いものがある。それは第二次世界大戦前に開発された日本の艦船や航空機のすぐれた性能に関係者が一目を置き、それゆえに日本の兵器産業がアメリカの技術優位に再び挑戦を仕掛けてくるのではないか、という強い危機感のあらわれである。

戦闘機についていえば、太平洋戦争初期に日本の航空優位を誇るほどの戦闘力を備えた零式艦上戦闘機（ゼロ戦）の優れた技術に対して、いまでもアメリカの軍事関係者は一目を置く。F15に代わる次期戦闘機の後継機に国産機を導入するかもしれないという観測を軍関係者が流した際に、アメリカの兵器産業が強い警戒感を抱いたのも、ある意味で自然なことであった。当時、AP通信社が、次期戦闘機をめぐって「ゼロ戦の息子」と題するイラストを配信したのは、その点で興味深い。（富士山を背景に飛ぶイラストを参照。The Seattle Times, Nation & World, December 8, 2007）

ともあれ、「防衛装備移転三原則」に変更されて以降、イギリスやフランス、オーストラリアそしてアメリカなどとの兵器の共同開発をめぐって協議が進む。日本の兵器産業もこの方向に向けて積極的に乗り出そうとしている。共同開発が進み、やがて国内の武器市場での需給関係に変化が訪れてくると、向かう矛先はやがて海外への輸出に向かうであろう。当然、ここで日本型の軍産複合体が産声をあげることになろう。

問題はその先である。日本が武器輸出に踏み出すと、世界兵器市場での日本のシェアーが、たとえ少しであろうとも、徐々に伸びていくであろう。アメリカはそれを最も嫌う。一九八〇代に国防総省を訪問した際に、日本担当者が冗談交じりに「帰国したら武器輸出三原則を政府にしっかり守らせるように、社会党によろしく！」と語ったことが今も脳裏をよぎる。少なくとも、アジアの兵器市場をやがて日本の武器輸出によって奪われてしまわれないか、という恐れをアメリカは抱いている、と思っておいた

ほうが無難であろう。

安倍政権の打ち出した「防衛装備移転三原則」はアメリカにとって共同開発にさらに道を切り開くという点で利点の臭いをかぎわけつつ、他方ではやがて日本が武器輸出に堂々と踏み出すことに潜在的な脅威感を募らせる。先にみた両用技術のほかにロボットなどの日本の最先端民生技術に国防総省は関心を強める。

近年、注目されるようになった無人機（ドローン）攻撃や戦争のサイボーグ化は、高まるテロの脅威に直面するアメリカがアメリカ人青年の死傷者を最小限に抑えたいという欲求からますますその研究開発に拍車がかかる。日本企業や研究機関がこうした要請に易々と応じることになれば、日本が敗戦後技術の〝非軍事化〟のために支払った代価を台無しにしてしまいかねない。安倍政権の唱道する「積極的平和主義」が「武器輸出三原則」から「防衛装備移転三原則」へと変更された一事を例にとっても、言葉の正確な意味においていかに「積極的平和主義」の名に値しないものかが分かろう。

9　集団的自衛権の法制化と「イスラム国」と過激派の反応

それでは、集団的自衛権の行使容認に伴う安全保障関連法制の整備に関する与党協議が続けられるなか、先の「イスラム国」による邦人惨殺事件以降、「イスラム国」はこうした日本の動向に対して今後どのような反応を示していくであろうか。

「イスラム国」の英字機関誌は、「日本は平和憲法があるにもかかわらず二〇〇一年のアフガニスタン戦争で米軍などを後方支援、イラク戦争では自衛隊を派遣した」と語った後、当時「イスラム国」の前身組織がイラクで日本人男性を人質にしたが、日本は自衛隊を撤退させなかったので殺害したとし、「日本は再び『イスラム国』に対する有志連合に加わった」という認識を示した。（『朝日新聞』二〇一五年二月一三日夕刊）

この認識は有志連合の一角に加わろうとする日本を牽制するためのプロパガンダ（宣伝）かもしれない。しかし人質事件の渦中でしばしば「イスラム国」が有志連合を新十字軍（ネオ・クルーセーダー）に見立てて、新十字軍に対する聖戦の遂行を公言してきたことを想起すれば、単なるプロパガンダに終わらない不気味さを感じさせる。小泉純一郎政権当時に非戦闘地域への派遣という理由づけで自衛隊をイラク戦争後の復興支援に自衛隊を派遣したが、それさえも新十字軍の一翼を担う活動として敵視する可能性を捨て去ることはできない。

彼らが用いる新十字軍という表現を軽く受け止めてはいけない。二〇〇八年一一月にインドのムンバイでパキスタンから侵入したアル・カーイダ系のイスラム過激派であるラシュカレタイバがテロ行為に及んだとき、彼らの行動目的は新十字軍に挑んだものであり、聖戦遂行の一環という認識を示した。その時、彼らは新十字軍をキリスト教とユダヤ教とヒンズー教の三つの宗教イデオロギーの合成（新十字軍＝キリスト教主義＋ユダヤ教主義＋ヒンズー教主義）からなる反イスラム連合と捉え、これに対する聖戦の一環として彼らの行動を賞賛したのである。

政府・与党は集団的自衛権の行使容認を前提とする法制化を進める過程で、従来のように事案ごとに特別措置法を想定することなく恒久法（一般法）として定め、「切れ目のない対応」を法制度化する意思を何度となく示してきた。こうした方針が、「イスラム国」を始めとするイスラム原理主義集団の目に、アメリカを中心とした反イスラム連合の揺るぎなき一員となる意思表明、と映る可能性なしとしない。とすれば、彼らは日本をますます敵視し、たとえ後方支援とはいえ彼らの攻撃目標の一つに日本から派遣される自衛隊の支援部隊も含まれることになりかねない。

こうした危うさを少しでも避けようと、公明党は自衛隊を海外に派遣する際の条件として、三つの原則を与党協議の場に持ち出した。すなわち、派遣が①国際法上の正当性を持つこと、②国民の理解と民主的な統制が得られること、③自衛隊員の安全が確保されること、の三つの原則がそれである。押せ押せの勢いで攻め立てる政府と自民党に対して、安保法制が政府の恣意的な内容にならないように歯止めを何としても設けようとする。

「平和の党」を立党の精神にする公明党にとって、ここは正念場である。①の国際法上の正当性を持つこと、という条件は国連安全保障理事会の決議に基づく行動を想定しており、イラク戦争の開戦理由のように後からその理由が崩れてしまう（ブッシュ政権の開戦理由はイラクが大量破壊兵器を隠し持っているというものであったが、後にそれが事実でなかったことが判明）ような事態に関与してはならない、という則を決めておこうというものである。

②は国会の承認をふくむ自衛隊の文民統制の則を徹底させること、③は派遣されるであろう自衛隊員から死傷者を出さない、という則であり、平和貢献の継続を求める公明党の姿勢がよくあらわれている。少子高齢化で自衛隊員の募集が難しくなっている現状からいっても、万が一、死傷者が出る事態が生じれば隊員募集がますます困難になることが予想される。その延長線上で、やがて徴兵制が視野に入ってくるのではないかと恐れるのは、果たして杞憂に過ぎるであろうか。

イスラム過激集団は、「イスラム国」だけではない。アフガニスタンに根拠を置くアル・カーイダや二〇一三年にアルジェリアで日本人技術者を殺害したイスラム・マグレブ諸国のアル・カーイダ（AQIM）、アラビア半島のアル・カーイダ（AQAP）、「イスラム国」に忠誠を誓うボコ・ハラム、アジアではパキスタン・タリバーン運動（PTT）、ジェマー・

イスラミア（ＪＩ）などが跋扈する。むろん、これらのイスラム原理主義集団が連合関係を結んでいるわけではない。だが、だからといって日本が有志連合の一翼に加わることを決めれば、これらの集団の日本に対する見方は、ガラッと変わってこよう。そこに危うさが潜む。

自衛隊の平和貢献活動に限らず、日本のＮＧＯ関係者の国際貢献活動は発展途上諸国から感謝と尊敬の念で受け止められてきた。また企業のこうした国々への事業展開も、総じて好意的な目で受け止められてきた。国際公共空間のＮＧＯ化に我が国が果たしてきた貢献は大きく、今後もこうしたスタンスが変わることなく続くことへの期待値は高い。だが、もしも政府・与党が進める安保法制化が進み、民生資源の軍事部門へのシフトが進んでいくと、こうした期待値は自ずと萎んでいくであろう。そればかりか、自衛隊はもとよりＮＧＯや企業関係者の現地における危険度が高まっていくのは間違いない。

自公間の合意として、公明党の主張を受け入れる形で「国連決議に基づくこと、または国連決議等があること」という条件が新たに加わったが、とくに「国連決議等」という文言が何を意味するかが、問題となってこよう。例えばＮＡＴＯや欧州連合（ＥＵ）などの地域機関の決議もこれに含まれるとするなら、日本から離れた欧州地域での軍事行動にまで日本が参加することになりはしまいか？　もしもそうだとすれば、まさにグローバル安保に日本は足を踏み込むことになりかねない。

Ⅱ　中東とどう関わるか

1　「イスラム国」――日本の課題

二〇一五年二月四日、山谷えり子国家公安委員長は衆院予算委員会で、「『イスラム国』関係者と連絡を取っていると語る者や、インターネット上で支持を表明する者が国内に所在する」と述べた。

欧米諸国と同様に、日本で「イスラム国」に共感を覚える者がいれば、イスラムの宗教的知識には希薄で、神を信じることによって来世において楽園に住み、そこで美しい乙女たち（「フーリー」と呼ばれる）に出会うことができると説かれることなどに魅力を感ずるのかもしれない。暴力的集団に身を投ずる動機は宗教ではなく、自らが拒絶されたり、疎外されたりする社会とは異なって、「イスラム国」の支配する地域では自分たちが受け入れられると考える要因が大きい。

欧米では「ローン・ウルフ」、つまり個人による突発的な暴力が警戒されるようになったが、「イスラム国」の活動を受けて、日本でも過度な警戒によっていわれなき監視が特定の個人に向けられることになってほしくない。

米国と「有志連合」はイラクやシリアの「イスラム国」に対して空爆を行っているが、それがイラクやシリアの人々に好ましい結果をもたらすかといえば、決してそうではないだろう。一三年間にわたって行われてきた「対テロ戦争」は、中東イスラム地域に平和をもたらすことは決してなく、多くの犠牲者、大量の難民、不安定、貧困をもたらした。イギリスの「経済平和研究所（the Institute for Economics and Peace）」の「世界テロリズム指数」によれば、対テロ戦争が始まる前年の二〇〇〇年に世界で発生したテロは一五〇〇件だったが、二〇一三年には一万件と著しく上昇し、対テロ戦争は負の成果しかもたらさなかった。その対テロ戦争を目立って支持することは、日本人二人が「イスラム国」の暴力の犠牲となったように、日本人の安全にとってもマイナスである。シャルリー・エブド事件、日本人人質事件、ヨルダン人パイロット殺害、チュニジアでの外国人襲撃によって、日本でも「イスラム・フォビア（恐怖症）」が強まったかもしれないが、イスラムという宗教の歴史や思想への正しい理解がますます求められている。

二〇一四年七月、国際的な人権団体の「ヒューマン・ライツ・ウォッチ」はイラク政府がスンニ派地域の人口密集地域に空爆や砲撃を加えたことを批判したが、日本政府はイラク政府が国内の人権状況に配慮することを求めるべきだろう。また、トルコやサウジアラビアなどの湾岸諸国、イラクやシリアの近隣諸国からの「イスラム国」への人・カネ・モノ（特に武器）の流れが断たれるようにこれら諸国と協議を行うことも必要だ。さらに、イラクやシリアの平和的手段によって政治的改革の実現を求める勢力と対話のチャンネルを維持していくべきで、それが将来の政治的安定に役立つに違いない。

また、イラクやシリアの人心が「イスラム国」から離反する措置を講ずることも考えたらどうだろう。従来の日本政府の方針通り難民支援を継続し、難民の中から「イスラム国」の暴力的活動に加わる人々が現れることを防止する。イスラム世界の赤十字である赤新月社などのチャンネルを通じて、「イスラム国」支配に置かれた人々の福利の向上を図り、かりに「イスラム国」から解放される地域が現れれば、住民たちに迅速な支援を行うことなどが求められている。

二〇一五年二月四日、安倍首相は、衆議院予算委員会の集中審議で、「イスラム国」による日本人殺害事件について、前月二〇日に「イスラム国」のメンバーが日本人二人を殺害すると話した映像について「残念ながら、われわれは、二〇日以前の段階では『イスラム国』という特定もできなかった」と述べた。

この発言はとうてい信じられない。外務省などは二〇一四年一一月時点で後藤さんが拉致されたことを把握していたと公表しているし、後藤健二さんの妻にも昨年の時点で身代金の要求があったと報じられた。それに、二〇一四年八月、湯川さんが「イスラム国」に拉致されたと日本のメディアは一斉に報じている。

政治家、しかも首相の「嘘」は強い政治不信、あるいは昨年の総選挙での低い投票率に見られるように国民のいっそうの政治離れを招くものと思っている。政治家の発言があまりにも軽すぎる。

イスラムのハディース（預言者ムハンマドの言行を記したもの）には「嘘は悪へ導き、悪は火獄へ導く」とあり、やはり嘘をつくことは厳しく戒められている。預言者ムハンマドの言行に反して嘘をつくことは重大な罪となる。また、偽証にはタアズィール刑という矯正刑が科せられる。タアズィール刑は裁判官の裁量によってけん責、鞭打ち、禁固刑、財産没収などの刑罰が決まる。

本書の共同執筆者である水谷周氏は次のように述べている。

「人は誰しも、良い社会を望んでいる。それには社会の中で、互いに助けあい、平等であり、正義が満たされて、互いに信頼出来る関係が必要である。またそのためには、基礎として人々が誠実であることが求められる」

まさにという感じである。

また、安倍首相は、「政府の情報機能をさらに強化し、より正確かつ機微な情報を収集して、国の戦略的な意思決定に反映していくことが極めて重要だ」とも述べたが、二〇一三年一月にアルジェリアで日本人一〇人が殺害された後も同様な発言を行った。しかし、湯川さんや後藤さんの解放に決め手を欠いたように、日本の情報蒐集能力が向上したとはまったく思えない。現在の日本には、かつての満鉄調査部や回教圏研究所など世界でも先駆的な地域研究を行う機関が存在しない。

アルジェリアの事件では、アジア系のフィリピン人労働者たちは即座に解放されたが、日本人は拘束され続け、結局アルジェリア政府軍の制圧の中で犠牲となった。安倍首相はイスラム世界の困窮する人々に同情するというが、そこには「テロと戦う」など米国に寄り添う姿も明確にあり、イスラムの人々が最も非難するイスラエルとの協力を推進するという不誠実な姿もある。こうした姿勢が不正義や不誠実を憎悪する武装集団による邦人の犠牲を招いているのではないか。

2　軍事力による平和構築の危うさ

二〇一五年二月六日、中東イエメンの反体制派であるイスラム・シーア派の武装勢力「フーシ（フースィー）派」は政権掌握を宣言、議会に代わる組織や大統領評議会を樹立すると発表した。事実上のクーデターである。「アラブの春」によってサレハ大統領に代わって政権の座にあったバディ大統領もフーシ派の勢いの前に辞任を表明していた。

米国は、イエメンを「対テロ戦争」の最前線に指定し、イエメンを舞台に活動する「アラビア半島のアルカイダ」の掃討を無人機攻撃で行っていた。二〇一五年一月のフランス・パリのシャルリー・エブド銃撃事件を起こした容疑者たちも「アラビア半島のアルカイダ」と関係をもっていたとされる。

米国は「アラビア半島のアルカイダ」と対峙してきたサレハ政権などイエメン政府に対して、二〇〇六年から四億ドルに相当する武器を供与してきた。その中には攻撃用ヘリ、監視テクノロジー、輸送機などが含まれている。そうした武器がフーシ派に渡ることになり、フーシ派による支配をいっそう強化することになる。

米国の武器移転はイラク情勢をも複雑にしている。米国は「イスラム国」の掃討に地上兵力としてシーア派の民兵組織を支援し、これらの武装集団は米国製の光学照準付狙撃銃(Steiner-scoped sniper rifle)やM16ライフルを使用している。イラク政府軍は、これらのシーア派民兵組織に指示や命令を出す立場にない。

「イスラム国」も米国製の兵器を使用するようになり、M79対戦車ロケットは二〇一三年にサウジアラビアがシリアの「自由シリア軍」に供与したものと見られている。紛争地帯に対する武器の供与がその戦いをより悲惨なものにする。一九八〇年代に米国がソ連軍と戦うアフガニスタンのムジャヒディン(イスラムの聖なる戦士たちの意味)集団に大量に武器・弾薬を移転したことが一九九〇年代のムジャヒディン同士の泥沼の内戦になり、またアルカイダの誕生をもたらした。

シリアなどで「イスラム国」に移転される武器が、米国が「穏健な武装勢力」とする「自由シリア軍」から捕獲したものか、あるいは「穏健な武装勢力」のメンバーたちが「イスラム国」に寝返って渡したものなのかは判断できない。

サウジアラビアは二〇一四年にＩＨＳジェーンズによれば、インドを抜いて世界一位の武器輸入国となった。サウジアラビアは、二〇一四年に六四億ドルに相当する武器を購入し、それは前年比で五四％の増額であった。ＳＩＰＲＩ（スウェーデン国際平和研究所）のデータによれば、二〇一四年に米国の武器輸出は二三％増え、米国製の兵器は世界の武器市場の三一％を占める。九四ヵ国が米国製兵器を購入し、米国製武器の総輸出の三二％を中東が占めている。サウジアラビアなど湾岸諸国は米国の軍事産業にとって重要な「顧客」だから米国は中東の政情に重大な関心を寄せざるをえない。

「イスラム国」やイラクのシーア派民兵たちが使用するのは日本製のトラックで兵士たちの輸送に用いられ、機動力に優れ、また市街戦に重宝されている。二〇一四年六月にフランス・パリで開催された「ユーロサトリ」に、日本が初めてブースを設け、防衛関連の一三社が参加している。安倍政権が武器輸出三原則を緩めたことによって日本の防衛産業は色めきだっている様子だが、現在の中東の紛争を考えるとやはり武器輸出には慎重であるべきだ。日本が共同開発するＦ-35戦闘機はイスラエルにも配備される見込みだ。

二〇一五年二月七日、米国ＮＢＣテレビの著名キャスター、ブライアン・ウィリアムズは、数日間出演を見合わせることを明らかにした。二〇〇三年にイラク戦争を取材中に搭乗していたヘリが被弾したという虚偽の発言をしたことが判明したためである。米国内でウィリアムズを批判しているのは保守勢力で、彼らは「偏向報道」で批判される「フォックス・ニュース」が公平で、バランスがとれていると考えるような人々だ。

(http://www.newsweekjapan.jp/stories/us/2009/10/post-627-php)

戦場における偶像化は、ロナルド・レーガンやジョージ・W・ブッシュなど歴代大統領にもあった。

レーガンは、一九八三年秋に、ワシントンを訪問していたイスラエルのシャミル首相に対して、自らアウシュビッツの強制収容所解放に貢献したと語った。その「証拠」として彼が周囲に見せたのは彼がヨーロッパ戦線に立つ映画のシーンだった。しかし、彼は第二次世界大戦中、米国を離れたことがなく、ハリウッドの映画俳優だった彼は自らがつくった虚構の中に酔っていた。

ジョージ・W・ブッシュは、ブッシュ・ファミリーのコネでテキサス空軍州兵に入隊した。多くの貧困層の若者たちがベトナムで戦死していた時期に、彼はベトナムの戦場に向かうことはなかった。それでも、二〇〇〇年の大統領選挙の際にブッシュは、ベトナムで戦う覚悟であったと述べている。

レーガンとブッシュは現在の中東秩序をことごとく破壊した大統領たちで、レーガンはアフガニスタンのムジャヒディンたちに大量の武器を供与し、タリバンやアルカイダ誕生の背景をもたらした。ブッシュは九・一一事件のテロとは何の関係もないサダム・フセイン政権を打倒するイラク戦争を推進し、「イスラム国」の活動を結果的にもたらすことになった。

私たちがイラク人の立場になったら日本のイラクへの関与をどう感ずるだろう。理不尽な理由で外国の軍隊がやってきて、自分たちの政府を倒し、家族、親族が殺害されたら、それに協力する軍隊（自衛隊）を派遣した国に決して好感情をもつことはないだろう。イラク戦争を支持した日本の政治家や「識者」たちは、イラク人に感情移入することはなかった。いつの時代も勇ましい発言をするのは、米国のレーガンやブッシュと同様に、実際に戦場に行かない人ばかりで、米国との集団的自衛権の実現を説く自民党のタカ派議員たちには、安倍首相、麻生財務相を含めて二世、三世議員の「お坊ちゃん」が多い。彼らはむしろ戦場の「偶像」にもなることがない戦後の「平和国家・日本」を評価すべきではないか。

政府は二〇一五年に一一年半ぶりにＯＤＡ（政府開発援助）の改定を行い、その名称も「開発援助」から「開発協力」に代わる。協力相手が軍であっても、「非軍事目的」であれば、ＯＤＡも認められるという。軍隊はあくまで軍事目的の組織であり、その境界がどこに引かれるかがひじょうに曖昧だ。なぜ民間支援の予算を減らしてまでも、軍へ支援するのか、その意図は明確にされていない。安倍政権には、「積極的平和主義」の方針を維持し、同時に経済的利益も上げたいという意図があるのだろう。またもなし崩し的に憲法改正、米国との集団的自衛権確立への既成事実が積み重ねられたように思う。

この措置で日本の従来の平和へのスタンスがまた変容した。安倍首相が唱える「積極的平和主義」の根底には軍事力、あるいは軍事的圧力によって平和がつくられ、維持されるという考えが明白に横たわっている。

しかし、軍事力による平和の構築がいかに危ういものであったかは、最近の「歴史」が教えるところだ。米国ブッシュ政権はイラクの大量破壊兵器を軍事力で取り除き、世界をより「平和」にすると言いきった。二〇〇一年にアフガニスタンで始まった対テロ戦争も、軍事力によるテロの排除で、それが世界平和に寄与すると訴えたが、イラク戦争を含む米国の軍事力行使による世界からの暴力（テロ）の排除のもくろみが、そのまったく逆の効果を生んでいることは「イスラム国」の台頭などを見れば明らかだ。

そして安倍政権の「積極的平和主義」の柱になっているのが日米同盟であり、中東政策で米国と一体となることの危険性は多くの機会で書いてきた通りである。

ブトロス・ブトロス・ガリ（Boutros-Boutros Ghali）国連事務総長（当時）は自らのイニシアティブによって一九九二年に『平和への課題』（Agenda for Peace）を提出し、その中には「平和創造（Peace Making）」という構想もあったが、これはわずか三年で挫折した。ソマリアでは、国連の治安維持機能が低下し、現地武装勢力の一派（アイディード派）への掃討作戦に失敗、パキスタン兵と米兵に多くの死者がでて、米国はソマリアから撤退していった。ソマリアは長年の戦闘を経ても政府の腐敗度はアフガニスタンと並んで世界でも最悪な国であり続けている。これも軍事力では平和や安定した国家がつくれないということを示した明白な事例である。

安倍政権はＯＤＡの改定によって「イスラム国」と戦っているヨルダンの軍病院の拡充などを構想しているのかもしれない。しかし、日本人人質事件に見られるように、「イスラム国」と戦っている国、しかも軍関連施設に対する支援はこれまで中東への平和的関与を行ってきた日本のイメージを大いに損ね、日本人の安全を著しく脅かすものである。日本がなし崩し的に暗い時代に向かっていると危惧するのは私だけであろうか。

3　イラク戦争支持の責任は？

日本人ジャーナリスト後藤さんたちなどを殺害した「イスラム国」は今後も日本人テロの標的にすると「宣言」した。二〇一五年二月一〇日、日本の外務省は、「イスラム国」

がフランスでの新たなテロを呼びかけるメッセージをインターネットで流したことを受け、フランスへの渡航者に注意を促す渡航情報を発表している。このままでは日本人観光客などの渡航先がだいぶ狭められてしまうかのようだ。

二月五日、ベルギー議会はパレスチナ国家承認を政府に求める議案を可決した。三日、スウェーデンではパレスチナの大使館が活動を開始した。ヨーロッパ諸国では、パレスチナ国家を承認し、イスラエルとの「二国家共存」による和平解決の動きが加速している。日本は、イスラエルの最大の同盟国である米国に配慮して「パレスチナ国家」をいまだに承認していない国だ。

日本人二人を殺害したイラクとシリアの武装集団「イスラム国」から、安倍首相とイスラエル・ネタニヤフ首相との二〇一五年一月の会談後の握手が問題にされなかったのは、「イスラム国」がイラクやシリアでの国家造成のほうを優先して、パレスチナ問題など国際問題にさほど関心が強くないからかもしれない。しかし、「イスラム国」が世界中からの支持や共感をとりつけることを考えるようになると、彼らも「パレスチナの不義」を強調するようにいずれなるだろう。

日本の国会もパレスチナ国家承認を政府に求めたり、イスラエルのヨルダン川西岸における入植地拡大の停止を訴えたりする決議を成立させたほうが中東イスラム世界における対日感情は確実に良好になることだろう。

「イスラム国」の問題はシリアやイラクの内政問題で、これらの国にも当然「主権」がある。米国などがイラクの主権を無視してイラク戦争を行い、その戦争に日本が自衛隊を派遣するなど協力したことが「イスラム国」の日本に対する反発の重大な要因になっているのはこれまで述べた通りだ。

紛争国への調停は、当事者同士が戦闘を継続するつもりである時は、調停や平和構築の試みはきわめて難しい。しかし、当事者たちが和平への欲求を高めた時をとらえて武装集団たちの交渉の仲介に入れば成功を収めることがあることは、日本のかつてのカンボジアでの和平構築の経験にも見られた。

二〇一三年一月に自衛隊は、イスラエルが一九六七年の第三次中東戦争によってシリアから占領したゴラン高原における「国際連合兵力引き渡し監視軍（UNDOF）」から、シリア内戦による治安の悪化を理由に一九九六年以来続けてきた派遣を断念し、撤退した。安倍政権は、このゴラン高原よりもさらに危険な地域に集団的自衛権によって自衛隊を派遣しようとしている。自衛隊のゴラン高原からの撤退は集団的自衛権や安保法制の議論で国会議員たちによって触れられることはなかった。

自民党の高村正彦副総裁が、後藤健二さんがシリアに入国し、「イスラム国」を取材したことを「蛮勇」と形容したことに反発の声が上がっている。「蛮勇」とは「周囲の配慮も捨てて、事をなす乱暴な大胆さ、向こう見ずの勇ましさ」（スーパー大辞林）とある。

高村副総裁は、集団的自衛権の行使などの安全保障法制に関する与党評議会の座長を務めているが、その与党評議会で、政府側は、グレーゾーン事態（注1）のもとで自衛隊がオーストラリア軍などアメリカ軍以外の艦船も防護できるようにする案を提示した。オーストラリア軍を守ることがなぜ「国民の命と暮らしを守るため」なのかわからない。日本が軍事的に突っ張る姿勢を見せることは周辺諸国をいたずらに刺激し、無用な緊張をもたらすもので、「向こう見ずの勇ましさ」、つまり「蛮勇」ともいえるものではないか。

（注1）グレーゾーン事態　有事（戦争）とまでは言えないが、警察権だけでは対応できない恐れのある事態を指す。政府が問題としているのは、尖閣諸島を念頭に、武装集団の離島上陸や公海上での民間船への襲撃といった事例。機関銃などで重武装している場合、海上保安庁では対応できない可能性がある。（二〇一四年五月二三日　朝日新聞　朝刊）

次にイラク開戦に際しての高村副総裁の発言を紹介する（「日経ビジネス」二〇〇三年三月三一日号）。安全保障法制を議論する前に、後藤さんの命を奪う要因ともなった日本政府のイラク戦争支持に高村氏には責任はないのだろうか。その発言は正当性に大いに欠け、滑稽にさえ思えてくる。高村氏に求められているのは、後藤さんの行動を「蛮勇」と批判することよりも、日本人の安全を脅かすことになった自らの発言も含めてイラク開戦当時の日本政府の責任を自ら問い、自省することではないだろうか。

〈対イラク戦争は是なのか非なのか。小泉政権は政府見解の十分な説明を欠いた感が強い。自民党衆院議員の高村正彦・元外相に真意を聞いた。

問　小泉純一郎首相は、米国のイラク攻撃に対して一貫して支持を表明していました。日本の対応としては、ほかに選択肢はなかったのでしょうか。

答　「ノー・チョイス」ですね。世評、イラク問題に対する誤解が蔓延しています。まず、はっきりさせておかなければならないのは、湾岸戦争の停戦条件として、イラクが保持していることが明らかになった「サリン」より殺傷力の強い毒ガス「ＶＸ」などの「大量破壊兵器」は、イラクが自ら廃棄しなければならなかったということです。

ほかに選択肢はなかった。

「国連査察団は大量破壊兵器が温存されている確証を見つけていない」という反論がありますが、いつ、どこで、どうやって廃棄したか、それを立証する全責任はイラクにあったのです。

イラクは広大な国です。兵器を隠そうと思えばいくらでも隠せる。国連査察団のブリクス委員長は「査察完了のためにはあと数カ月必要だ」と述べました。それはイラク側の即時、無条件の全面協力があっての話です。ですが、イラクは無条件の協力をしなかった。ここをはっきりと認識すべきです。〉

二〇一五年二月一四日に発生したデンマーク・コペンハーゲンでは、銃撃されたカフェでの集会には、二〇一三年に「アラビア半島のアルカイダ（ＡＱＡＰ）」が発表した暗殺者リストに含められていたスウェーデン人の風刺画家ラーシュ・ビルクス氏も参加していた。一月に発生したフランス・パリでのシャルリー・エブド社銃撃事件の容疑者もＡＱＡＰと関連があった。「リスト」の中には、「国際コーラン焼却日」を宣言して、実際にそれを実行した米国の牧師や、イスラムに対するヘイト的スピーチを繰り返すオランダの極右政党の党首などが含まれている。

ＡＱＡＰがこれらの人々を含めて欧米を憎悪する背景には、米国によるＡＱＡＰへの無人機攻撃もある。米国は二〇一五年一月三一日、シャルリー・エブド銃撃事件を支持したＡＱＡＰの指導者で、説教師のハリース・アル・ナダーリー師を無人機で殺害したが、その際に一三歳の少年も同時に殺された。この少年の父親と兄も二〇一一年に米国の無人機で殺害されている。

主に死刑に反対する人権団体「レプリーヴ」によれば、一度の無人機攻撃によって平均で二八人の市民が殺害されているという。

(http://www.reprieve.org/us-drone-strikes-kill-28-unknown-people-for-every-intended-target-new-reprieve-report-reveals.html)

イギリスの非営利団体「調査報道局（Bureau of Investigative Journalism：BIJ）」も二〇一四年一〇月以前に行われた無人機攻撃による犠牲のうちわずか一〇％が武装集団のメンバーだったとしている。

それにもかかわらずオバマ大統領やジョン・ブレナンＣＩＡ長官は、無人機攻撃が「標的攻撃（殺害）」であることを強調している。「標的」というのはいうまでもなく、武装集団のメンバーか、「テロリスト」をねらったものということだ。「標的攻撃」というのは、響きはよいが、前にも述べた通り米軍内部では「bugsplat（つぶされた虫）」という形容を無人機で殺害した人物に対して行い、人命が著しく軽視されていることを表している。

米国の無人機攻撃をする人物たちの基準も曖昧で、米国の元駐パキスタン大使は武装集団に関連する二〇歳から四〇歳の男性が攻撃対象と語ったことがあった。ひどくアバウトである。

無人機によって無辜の市民が犠牲になることは、反米感情を煽り、ＡＱＡＰや自称「イスラム国」に対する支持やその勢力拡大の背景となっている。米国の無人機攻撃は「自衛」や安全保障を高める意図の下に行われているが、しかし世界的規模の暴力を増長するものであることは疑いない。

二〇一五年二月の時点でイエメンは日本大使館も退避するような政治的混乱にあるが、それでも「アラビア半島のアルカイダ」をねらって無人機攻撃を継続する米国の感覚には疑問符をつけざるをえない。イエメンの混乱を収拾するほうが先だろうと思うのだが……。

イラク駐留米軍の総指揮官デヴィッド・ペトレイアス将軍はヌーリー・マーリキー首相（在任二〇〇六〜一四年）とともに、二〇〇七年にスンニ派の武装集団と金銭を含む取引をしてその武装解除を実現したが、しかしシーア派の民兵組織はバグダッドで民族（宗派）浄化を行い、スンニ派の人々を殺害したり、数十万人とも見積もられるスンニ派住民たちをバグダッドから追放したりした。その結果、イラクの首都バグダッドの人口構成はほとんどがシーア派系住民ということになった。こうした米軍やマリキー政権の措置に恨みをもつ人々も「イスラム国」の活動に加わったり、支持することになったりしている。

二〇一五年二月一九日、安倍晋三首相は今夏に発表する戦後七〇年談話に関する有識者会議のメンバー一六人を発表した。その中には中西輝政京都大学名誉教授、北岡伸一国際大学学長、岡本行夫・岡本アソシエイツ代表などイラク戦争を支持した面々が含まれ、自らの過去も省みない人々による戦後七〇年談話もまた周辺諸国を刺激する内容になるのではないかと危惧してしまう。岡本氏はイラク戦争を支持した小泉談話を支持したと言ってはばからなかったし、中西氏も北岡氏も「日本はこのような時にこそ、自主的な判断によって米国支持の旗幟を鮮明にすべき」とした「日本国際フォーラム緊急提言委員会有志アピール」に名を連ねていた。

二〇一四年五月二八日、国会答弁にて、安倍首相が「累次にわたる国連決議に違反したのはイラクであり、イラク戦争は証明できなかったイラクが悪い」と発言した。後半の部分は主語が著しく欠落していると思う。

〈まず前提としてイラク戦争においては集団的自衛権の行使ではなくて、（国連）安保理決議に基づく集団的安全保障の一環として多国籍軍という形で行われたものであります。日本が自衛隊を出したのは戦闘が終わった後の、いわばイラクという国のいわば再構築のためにサマワに自衛隊を派遣したわけで戦闘行動に参加したわけではありません。先ほど私が申し上げました通り安保法制懇で出された二つの案のうち、われわれは今のケース、イラク戦争のようなケースには参加しません。武力行使を目的とした戦闘には参加しませんとは明確に申し上げた通りでございます。あの際にもですね、累次にわたる、いわば国連決議に違反したのは、イラクでありまして、大量破壊兵器があるにもかかわらずそれを証明しなかったのはイラクであったことは申し上げておきたいと思うわけであります。その上において申し上げればですね。つまり我が国と密接に関わりがあるかないかということが、これがまさに我が国の生存に関わりがあるかどうかということがですね、判断基準の中心に置かれるわけであります。そこで主体的に判断を行っていくということでありま す。当然、その中において正当性があるかないかということを検討していくことはあると、このようには思います。〉

(https://www.youtube.com/watch?v=xVJpfzkuzW8)

もっていないことを証明すべきだったのは米国など嫌疑をかけたほうだが、しかし米国は大量破壊兵器をイラク開戦後発見することができず、ついに大量破壊兵器はなかったという結論を出した。

次は、イラク開戦当時の川口順子外相の発言である。六五〇〇発うんぬんという発言をしたことに対して彼女にも責任があるが、彼女もまたイラク開戦当時の自らの言動をふり返ることがない。

〈また、サリンよりもはるかに強力なＶＸガス二・四トン（二億人の致死量に相当）や約六五〇〇発もの化学兵器砲弾の行方が分からなくなっているといった重大な疑惑が今もなおある。イラクが大量破壊兵器を廃棄しなければならないというのが国際社会全体の一致した考えだ。〉

安倍首相はイラク戦争が国連決議に基づきと言ったが、国連決議に基づかない攻撃だったところが当時国際社会から問題にされたことを彼は忘れている。イラク開戦を前にしてフランスは査察期限の延長を求めた。米国、イギリス、そしてこれら二国との同盟関係を強調したい日本は、態度が不明確な非常任理事六か国にイラク開戦決議賛成の根回しを行ったが、失敗した。そのため、フランスが拒否権を行使することなくイラク攻撃を支持する決議が否決される可能性が高まり、米国とイギリスは決議を経ることなく、イラク戦争に踏み切った。

4　日本人の安全を高めるためには

二〇一五年二月下旬、あるインタビューで日本人が自称「イスラム国」など武装集団の暴力を受けないためには何を考えたらよいかという質問があった。

米国の中東イスラム世界での戦争があるたびに真っ先に支持を表明することが日本の国際社会のイメージアップにつながり、日本が他国の人々から真に信頼される国家になりうるだろうかという思いではずっといる。現在、日本の政界で米国の軍事行動を堂々と批判する声はきわめて少ない。

昭和三〇年代初頭に短期間ながらも首相を務めた石橋湛山は、東西冷戦は軍備で何事も決着をつけようとした戦前の帝国主義と本質的には変わらないと主張し、米国だけに偏らない外交を理念としていた。この石橋の姿勢とは異なって、現在の日本政府（特に小泉政権と安倍政権）の米国支持の姿勢が突出していることが、「イスラム国」のような極端な人々から反発を受けることになっているが、特に中東イスラム世界における米国など欧米の軍事行動に対する姿勢は慎重でなければならない。中国やロシアでも、自国民が「イスラム国」の戦闘員になっている者たちがいることが伝えられるが、これらの国が名指しされて「イスラム国」から敵対視されないのは国連安保理などで米国とは一線を画す政策のためだ。

次に土井敏邦さんの「二〇〇六年夏・パレスチナ取材日記　一七　高まる反米感情と悪化する日本の印象」の一部を紹介する。

〈ガザ地区でも日本援助の学校や道路などがいたるところに目につき、概して日本への評価は高い。「日本人だ」というと、笑顔で迎え入れてくれるパレスチナ人は多い。しかし、ちょっと知識のあるパレスチナ人なら、「日本がアメリカの要請でイラクに〝軍隊〟を送った」ことは知っている。そしてこの春以来の主にアメリカによるハマス新政権への圧力、その象徴的な結果ともいえる公務員への賃金未払いが、パレスチナ人住民の反米感情をいっそう掻き立てた。さらにイスラエルによるレバノン攻撃でのアメリカのあからさまなイスラエル支持が、その反米感情を決定的にしている。それに追随する日本への印象もそれに比例するように悪くなりつつある。〉

(http://www.doi-toshikuni.net/j/column/20060806.html)

私は安倍政権によるイスラエルとの防衛協力、情報面での協力などの「友好姿勢」で、パレスチナなどイスラムの世界の人々の日本に対する評価がさらに下がったという懸念をもっている。イスラエルの攻撃で疲弊したガザの人々への共感を、「イスラム国」と戦う国々への支援よりも、安倍首相は中東訪問でもっとアピールすべきではなかったか。

「イスラム国」による日本人殺害という事態を受けて、すでに日本国内のムスリムがアパートを借りることもできなかったなど、日本のムスリムに対する誤解や偏見が増したことが伝えられている。ムスリムに対するヘイト的発言・行動がヨーロッパでの連続するテロの背景となっていることを日本人は心に刻まなければならないだろう。

二〇一五年二月三日、安倍首相は参院予算委員会で、邦人人質事件を踏まえ、憲法九条改正にあらためて意欲を見せたが、自衛隊の特殊部隊が「テロ組織」に拉致された邦人を救出できるように法整備するという勇ましい議論も出るようになった。

特殊部隊が人質を救出したケースにはイスラエル軍によるウガンダ・エンテベ事件がある。ＰＦＬＰ（パレスチナ人民解放戦線）のワディ・ハッダード（クリスチャンの医師）に指導されたグループは旅客機のハイジャック戦術を行っていたが、一九七六年六月にパリ行きのエールフランス一三九便がイスラエル・テルアビブを離陸後、ＰＦＬＰのメンバーと西ドイツの左翼組織に乗っ取られ、アフリカ東部のウガンダの「エンテベ空港」に強制着陸させられた。イスラエルは奇襲部隊をウガンダに派遣し、ウガンダのアミン大統領の専用車と見せかけたベンツで乗客ターミナルに突入し、ＰＦＬＰのメンバー六人を射殺した。イスラエルの奇襲部隊を指揮していたヨナタン・ネタニヤフ中佐が、ウガンダ兵に撃たれてイスラエル軍将兵の中で唯一死亡したが、彼の実弟が、イスラエル首相を務めるベンヤミン・ネタニヤフだ。ネタニヤフ首相のパレスチナに対する強硬な姿勢はエンテベ事件における兄の死が背景ともなっているのだろう。このイスラエル軍の措置はウガンダの主権を侵害するものだったが、イスラエル軍との戦闘でウガンダ兵二〇人から四〇人が犠牲になったと見られ、乗客三人も亡くなった。

一九七九年二月に成就した革命によってイランを逐われた国王（モハンマド・レザー・シャー・パフラヴィー）がガンの治療のためにアメリカの病院に入院すると、少なからぬイラン人たちが反米感情を燃え上がらせることになった。一九七九年一一月四日におよそ五〇〇人のイラン人学生たちが、テヘランのアメリカ大使館を占拠し、六一人の大使館員たちを人質にした。

アメリカのカーター政権は、イランの在米資産を凍結し、イランとの外交関係を断ち、イラン人の入国ビザの発給を停止した。一九八〇年四月にカーター大統領は人質を救出する軍事作戦に出たが、救出に失敗したばかりか、作戦の中で発生した事故によって八人の米軍兵士が亡くなった。

これらの事例のように、軍事的な人質救出作戦は他国の主権を侵し、人質の生命も危険にさらし、さらに作戦行動にも多くの困難が伴う。憲法を改正して「特殊部隊」を派遣することを考えるよりも、日本政府は日本人の安全保障を高めるための、過激な集団にも反発されない対中東イスラム世界外交を考え、その実行を意図していったほうがはるかに容易と思える。不幸な事件を契機に日本の政策が硬直し、日本人をさらに危険な状態に置くことを懸念する。

安倍首相は「イスラム国」が二〇一五年一月に身代金を要求したことに応じて「卑劣なテロには屈しない」と発言した。小泉純一郎元首相はイラク戦争への支持を素早く表明し、日本人の香田証生氏が拉致されると、「テロリストは相手にしない」とその交渉の可能性すらも否定した。日本政府首脳はイスラム世界の武装集団の暴力については「テロ」という言葉をしきりに使うが、同盟国である米国やイスラエルの武力の行使（＝暴力）については「テロ」という言葉を使うことがない。

「イスラム国」のような暴力に訴える集団の活動をもたらしたのは米国の「対テロ戦争」だった。あの戦争さえなければ、中東イスラム地域では何十万人とも推定されるイスラムの人々の命は失われることがなかっただろう。中東イスラム地域で暴力を増殖させたのは、米国の「対テロ戦争」だった。暴力はまったく肯定されるものではないが、イスラム教徒の武装集団には、米国など欧米諸国に同調するかのように、「テロ」という言葉を容易に用い、欧米やイスラエルの軍事行動を「テロ」と形容しない日本政府の姿勢はイスラム世界から好感をもたれないだろう。

本来、イスラムという宗教ではテロはまったく容認されない。『コーラン（クルアーン）』第六章一五一節には「アッラーが神聖化された生命を，権利のため以外には殺害してはならない」。第二章・二五六節では「宗教には強制があってはならぬ」と説かれている。第二章一九〇節には「戦いを挑む者があれば，アッラーの道のために戦え。だが侵略的であってはならない。本当にアッラーは，侵略者を愛さない」とある。

また第二代カリフ（預言者ムハンマドの後継者）アブー・バクル（五七三〜六三四年）に関するハディース（伝承）には彼が「女性、子供、老人、病人を殺してならぬ」と語ったというものがある。

テロリズムに相当するアラビア語の言葉は「ヒラーバ hirabah（人間社会に対する不法な戦争）」と言い、スペインのイスラム法学者であるイブン・アブドゥル・バッル（一〇七〇年没）は、「ヒラーバとは人間の自由な移動を妨げ、旅人に危害をもたらし、腐敗を普及させ、また人を殺害したりすることである」と規定した。イスラムでは神の啓示を信じ、同じ聖典をもつキリスト教徒やユダヤ教徒の生命・財産の安全を保障しなければならないと説く。

エジプトでは、二〇一五年一月から、治安部隊や公共交通機関などを狙ったテロが頻発していて、全般的に治安が悪化するようになった。エジプトのアレキサンドリアでも一月だけでも三件の爆弾テロが発生する事態となった。

イスラム主義組織「ムスリム同胞団」と関係があるとされる急進的グループは、一月二九日に声明を出し、エジプトに住む外国人に対して、「二月一一日までに国外退去しなければ、テロの標的にする」と主張してきた。エジプトで暮らしたり、観光で訪れたりする日本人たちにとって気がかりな情勢となっている。

このグループは、連日起きているテロ事件にも関与しているとみられるが、外国人の被害は、今のところない。エジプトは観光立国だが、二〇一五年一月一六日の安倍首相、シシ大統領の会談でもシシ大統領は二〇一三年の軍事クーデター以前の四分の一にエジプトを訪れる観光客が減ったことを指摘した。

二〇一五年二月、首都カイロなどでは、外資系のファストフード店が、二度にわたり攻撃される事件が起きていて、これが外資企業を狙ったものなのかと心配する声も出ている。

エジプトは、ギザのピラミッドやルクソール、アスワンなどの遺跡で多くの日本人観光客にとって魅力ある訪問先であった。しかし、一九九七年にはルクソールのハトシェプスト女王の葬祭殿で銃乱射事件があり、日本人一〇人が犠牲になった。

急進的な集団が外国人を標的とすると言ったテロが起きるのか、もしくは起きないのか、予断を許さない状態が続いている、日本大使館も情報収集を強化しているほか、エジプトに住む日本人の間でも、カフェやレストランなど不特定多数の集まる場所へ行くのを控える動きが出て、エジプトの日本社会にも緊張が高まっている。

安倍首相は二〇一五年一月のエジプト訪問の中で「テロとの戦い」を強調したが、エジプトのシシ政権はエジプトでずっと穏健な活動を続けてきたムスリム同胞団さえも「テロリスト」と形容する人物で、安倍首相のエジプトでの発言はシシ政権の人権侵害に反発す人々から決して好感をもたれるものではなかった。

5　空爆という「神話」

米軍はイラクの自称「イスラム国」に対して二〇一四年八月八日から空爆を開始したが、

半年以上経過した現在でも、「イスラム国」を「根絶」する状態には到底ない。ゲリラ戦を展開する「イスラム国」が市街地に紛れ込めば、空から「イスラム国」の戦闘員たちを正確に攻撃することは困難で、また人道的な配慮からもかつて一九四五年三月に東京大空襲で行ったような無差別爆撃は不可能だ。米国は「イスラム国」の側の対空戦力が弱体であることを考慮して、空爆の有効性を信じているが、地上で「イスラム国」と戦闘を行うイラクの武装勢力も必ずしも一枚岩というわけではない。イランの支援を受けると見られているシーア派の民兵組織には、宗派意識が強く、スンニ派住民たちからは強く警戒されている。

「イスラム国」は二〇一五年二月一六日にキルクークとイラク・クルド自治区の首都アルビルに侵入し、戦闘を行った。「イスラム国」が豊饒な油田地帯のキルクークを支配すれば、組織は石油からの莫大な収入を手にすることになる。現在、キルクークはクルドの民兵組織「ペシュメルガ」の制圧下にあるが、「イスラム国」のキルクーク侵攻に関してはシーア派の民兵組織やイラク政府軍、また米軍の空からの攻撃の支援を受けた。ペシュメルガの司令官はキルクークから「イスラム国」を撃退していると語ったが、キルクークにはアラブのシーア派住民ややはりシーア派のトルクメン人が居住する。シーア派の民兵組織「バドル軍団」の司令官ハディ・アル・アメリーもまたバドル軍団がキルクークに駐留するようになったことを宣言した。米国が頼みにするクルド勢力とシーア派武装集団同士が軍事的に衝突する可能性があり、それも米国の対「イスラム国」戦略を不透明なものにしている。

以下、荒井信一『空爆の歴史』（岩波新書、二〇〇八年）からの引用である。

「（アルジェリア戦争でジェット機は）現代の全面戦争のためにデザインされ、デザインは全面戦争向きに作られたが、対ゲリラ戦のためには逆効果であることが多かった」

「（アルジェリア戦争で）一九六〇年五月までにゲリラは一万二〇〇〇に減り、分断された小さな群れになった。（フランス）軍は勝利を宣言したが、その後もアルジェリア支配をつづけるために五〇万の兵士と一〇〇〇機の飛行機とヘリコプターが必要であった」

このアルジェリア戦争の教訓は、そのまま現在の米軍による「イスラム国」に対する戦争に当てはまるものかもしれない。空爆で米軍は「イスラム国」に勝利することはできず、「戦争で根絶する」という発想だけでは、「イスラム国」の分子はイラクやシリアで活動し続けるに違いない。

アフガニスタンは、二〇〇一年の九・一一事件を受けて米国が「対テロ戦争」に最初に着手した国であったが、ここでも「イスラム国」を名乗る組織が現れるようになり、米国の「対テロ戦争」の成果を疑問視させている。アフガニスタンで二〇一四年一年間に戦闘やテロに巻き込まれて死亡した民間人は、前の年より二五％増えて三六〇〇人を超え、治安の悪化に歯止めがかからない状態だ。

二〇一五年二月二一日、米国のカーター国防長官は、就任後初の外遊先として訪問したアフガニスタンで、アフガン駐留米軍の撤退期限を延長する可能性があることを示唆した。現在、アフガニスタンには一万一〇〇〇人の部隊が駐留し、昨年末に戦闘任務を終了したものの、アフガニスタン政府軍への訓練や支援任務に従事している。来年末までに完全撤退する計画だが、アフガニスタンのガニ大統領は先月、撤退計画の見直しをオバマ大統領に呼びかけていた。

アフガニスタンでは二〇一五年二月九日、ムッラー・アブドゥル・ラウフが南部のヘルマンド州で「イスラム国」の兵士を募っていることを明らかにした。同じ日、アフガニスタンの「イスラム国」のスポークスマンと称するアブドゥル・カディール・ワヒーディの声明が「ラジオ自由アフガニスタン」で明らかにされ、彼が「イスラム国」の最高指導者アブー・バクル・アル・バグダーディのために戦う意思があることが述べられていた。

部族社会の伝統が強いアフガニスタンで「イスラム国」の活動が社会に根を張ることができるのか、また「イスラム国」という名称を利用しようとする地方官吏たちが、中央政府から予算を引き出すために「イスラム国」の「脅威」を強調しているのではないかという見方もある。

しかし、二〇一五年一月にはヘルマンド州のモハンマド・ジャーン・ラスールヤル副知事が、「イスラム国」が同州のカジャーキー地区で活動していると発言した。また、二月一三日、アフガニスタンの国会議員であるモハンマド・モハギグはアフガニスタン北部のマザリシャリフで政府が「イスラム国」に対して有効な対抗策をとることをよびかけた。アフガニスタンにおける「イスラム国」の存在は、この国でも米国の「対テロ戦争」が破たんしたことを示している。米軍の駐留期限が延びようとも、タリバンなど武装勢力の活動は止めることはできない。アフガニスタンという国の主権を侵したツケが、「イスラム国」という現象のいっそうの地域的拡大となっている。

6　世界の暴力を増殖する米国の「例外主義」

米国の映画祭の最高峰であるアカデミー賞の授賞式では、受賞者たちが政治や社会への

メッセージを伝えることがしばしば見られる

二〇一五年の作品賞を受賞したのは、アレハンドロ・ゴンザレス・イニャリトゥ監督「バードマン　あるいは（無知がもたらす予期せぬ奇跡）」だった。監督はメキシコで反政府的活動をした学生たちが失踪していることや政府の腐敗を意識して、メキシコ国民にふさわしい政府ができることを望むとも語り、メキシコの現政権の批判も行った。ロスアンゼルスタイムズはイニャリトゥ監督のスピーチは、メキシコ人に多大な誇りを与えるものだと論評している。

映画「ボーイフッド（六才のボクが、大人になるまで）」で最優秀助演女優賞を受賞したパトリシア・アークエットは「この国のすべての納税者と国民全員を産んだすべての女性、私たちはみんなの平等の権利のために闘ってきました。今こそ、米国の女性たちは賃金の平等、そして平等の権利を享受するべきです」と男女格差の是正を訴えた。

また、ＮＳＡ（国家安全保障局）の諜報活動を暴露したエドワード・スノーデンに関するドキュメンタリー映画「Citizen Four」が長編ドキュメンタリー賞を受賞したが、監督のローラ・ポイトレスは「エドワード・スノーデンの暴露は、私たちのプライバシーの脅威だけでなく、民主主義の脅威をも明らかにしました。今でも、私たち全員に影響する最も重要な事柄が、秘密裏に決定されています。支配権力をチェックする能力を私たちは失っているのです。エドワード・スノーデンの勇気と、その他大勢の内部告発者に感謝します。この賞を、真実を暴いている他のジャーナリストと分かち合います」。この発言は昨年、特定秘密保護法が施行された日本社会にも重い意味をもつものだろう。

二〇〇三年三月二三日のアカデミー賞授賞式ではドキュメンタリー部門の受賞者マイケル・ムーア監督はその三日前から始まったイラク戦争について「ブッシュ大統領は虚偽の理由でわれわれを戦争に駆り立てている。戦争に反対する。ブッシュよ、恥を知れ！」と語った。全米、国際社会が注目する授賞式での映画関係者たちの発言や問題意識は注目され、少なからぬ影響力をもつだろう。イラク戦争を支持した日本の政治家や「識者」たちも恥を知ってほしい。

ドイツの政治学者カール・シュミット（一八八八年～一九八五年）は、一九二二年に「主権者とは例外状況について決定するものをいう（＝例外主義）」（『政治神学』）と記した。「友と敵の区別のうちに政治的なものは存する」（『政治的なものの概念』）とも述べている。シュミットはナチス・ドイツのイデオローグであり、国家の指導者はより大きな大義（善）のために法秩序に挑戦できると主張した。

シュミットの論はいまの国際社会や日本に当てはまらないだろうか。「友と敵の区別のうちに政治的なものは存する」とは、米国のブッシュ大統領が唱えた「世界はアメリカ側につくのか、テロ側につくかのいずれかだ」という発言や、あるいは安倍政権が唱える「集団的自衛権」も友敵関係の発想に基づく。日本版ＮＳＣ（国家安全保障会議）も「例外状況」に対応するためという性格が強い。

シュミットは非常事態において主権者は法を無視することができると説いたが、米国はイラク戦争においても、国連決議を経ない武力行使を行い、国際法を無視してイラクの元首であったサダム・フセインを排除した。当時のフセイン政権が大量破壊兵器を保有していないことは一九九〇年代の国連の査察でも判明していたにもかかわらず大量破壊兵器に関する虚偽の「証拠」をねつ造した。

米国は現在でも続く「対テロ戦争」で例外主義的な方策を継続している。グアンタナモ収容所に見られる根拠のない拘束、無人機などを使った殺害、他国の主権侵害、拷問など。米国は、国連の設立を推進し、「世界人権宣言」を中心になって起草した国だった。「世界保健機関（ＷＨＯ）」「世界貿易機関（ＷＴＯ）」「世界銀行」など世界の秩序を維持するための国際機関の創設にも尽力した。

しかし、皮肉にも米国はこうした世界秩序を破る国となっている。米国は冷戦時代、ソ連を頂点とする東側陣営の脅威に対抗するために、外交手段や軍事力だけでなく、一九四七年に創設されたCIAによって国際法を破る行動を次々ととっていった。軍産複合体の脅威を指摘したアイゼンハワー大統領の下でも、CIAは一九五三年にイランのモサッデグ政権を転覆するクーデターを計画し、実行した。またCIAが開発した拷問のテクニックはイランの王政下の秘密警察SAVAKも採用するなど、アジアやラテンアメリカ諸国で広く行われた。

エドワード・スノーデンが「ワシントン・ポスト」に明らかにした情報によれば、米国政府は九・一一事件後に五〇〇〇億ドルを情報蒐集活動に費やしたが、二〇一二年だけでもCIAには一五〇億ドル、NSA（国家安全保障局）には一一〇億ドルの予算がつけられ、CIAのエージェントはバルカン半島などでも、「テロ容疑者」を拘束し、エジプトなどの国に送還したが、こうした行為は、法に照らして正当な容疑者引き渡しの手続きに沿ったものではない。九・一一事件後、ブッシュ政権はテロ容疑者の「誘拐」まで行うようになった。ブッシュ政権は二〇〇二年に創設された国際刑事裁判所に加盟することもなかった。

そしてオバマ政権も他国の主権を無視して、超法規的な無人機（ドローン）攻撃を行い続けている。二〇〇九年から一五年までの間、米空軍とCIAは二〇〇機余りの無人機を配備し、パキスタンだけでも四一三回の攻撃を行い、およそ三八〇〇人の人々を殺害した。

スノーデンは二〇一三年にＮＳＡは、一二二の国家の指導者たちを「監視」の下に置いていたと告白している。

国際法など世界の秩序を無視した米国の「例外主義」による武力（暴力）の行使がイスラム世界でも反発され、「イスラム国」などの活動を活発化させているが、その「例外主義」につき合うことは日本人の生命を危険にさらすなど日本の国益とは決してならないだろう。

Ⅲ　オバマのドローン戦争――無人機による暗殺作戦

1　ドローン戦争――無人機を利用する新しい形の戦争

（一）空からの暗殺作戦

二〇世紀の最後の二〇年から二一世紀にかけて急速に進展してきた情報技術革命、とくにコンピューターとロボット技術の革命的進歩とその応用の広がりは、国際関係そのものに劇的な変化をもたらしたばかりでなく、戦争の形態にも大きな変化をもたらすこととなった。

その一つが「ドローン攻撃」（Drone Attack）あるいは「ドローン戦争」（Drone Warfare）と呼ばれるものである。それはコンピューターを使った遠隔操縦の「無人機」

（Unmanned Aerial Vehicle=UAV　略称ドローン＝Drone）を飛ばし、そこから狙った相手に精密誘導のミサイルを発射して殺害するというものである。それはとくに米国による「テロとの戦い」において、テロリストの所在をつきとめて暗殺する、いわゆる「標的殺害」（Targeted Killing）の手段として多用されるようになった。

（二）無人機の開発と利用のさきがけ

ところで戦争に初めて航空機が登場したのは一九一一年、イタリアがリビに侵攻した際であったといわれるから、すでに一〇〇年以上の歴史を経たわけである。そして、戦争に航空機が使用された早い時期から、多くの国が無人機の開発に関心を抱いてきた。例えば米海軍は第一次世界大戦中、ジャイロスコープを発明したエルマー・アンブローズ・スペリー（Elmer Ambrose Sperry）に委嘱し、カタパルトを使って離陸させる無人機の開発に着手したが、全く成果を見ることなく終わったといわれる。

第二次世界大戦中、米軍は「アフロディテ作戦」（Operation Aphrodite）と称する新たな計画を実行に移した。それはB‐17などの爆撃機に大量の爆弾を積んで英本土から発進させ、ドイツ及びドイツ占領下のフランスにあるドイツ軍のV‐2ロケットの発射基地を爆撃するというものであった。しかし、遠隔操縦技術がまだ十分に発達していなかったために、離陸はパイロットが実際に搭乗して行い、機が巡航高度に達した時にパイロットがパラシュートで脱出し、あとは別の母機から発信するラジオ電波の誘導によって無人機を目標地点に向かわせるという計画であった。

ところが実際には、この計画はほとんど成果を挙げることなく、逆に多くの悲劇を生んだ。すなわち、ほとんどの機が目標地点に到達する前に墜落あるいは爆発したのである。とくに一九四四年八月には、後の米大統領ケネディ（John F. Kennedy）の兄のジョセフ・ケネディ（Joseph Kennedy Jr.）がパイロットとして搭乗して発進した機が、ジョセフがパラシュートで脱出する前に爆発を起こしたため、彼は帰らぬ人となった。

（三）イスラエルの影響を受けた米国の無人機開発

第二次世界大戦終了後しばらくの間、米国は無人機の開発にはあまり大きな関心を払わなかった。核兵器の開発に力を集中し、その運搬手段としての重爆撃機やミサイルの開発に重点を置いたからである。ベトナム戦争が本格化してから米軍は、ようやく無人機を開発し配備するようになった。すなわち、AQM‐34ファイアビー（Firebee＝「昆虫」の意味）と呼ばれる無人機をベトナムや中国の上空に飛ばすようになったのだが、その主たる目的は偵察や宣伝ビラの散布にあった。

その後、米軍の無人機開発に大きな影響を与えたのは、イスラエルによる無人機の開発と利用であった。イスラエルは一九七〇年代から八〇年代にかけ、無人機の開発では世界の最先端を行っていた。例えば一九七三年の第四次中東戦争に際し、イスラエルはゴラン高原に多数の無人機を飛ばした。これに対しシリアはイスラエル空軍機による空襲と勘違いして大量の地対空ミサイルを発射したが、それによってシリアのミサイルが枯渇するのを狙った騙し作戦であった。また一九八二年のレバノン侵攻の際、イスラエルはパレスチナ武装勢力の所在を詳細に探るため無人機による偵察を積極的に活用した。こうしたイスラエルによる無人機の活用に刺激を受けた当時のレーマン（John Lehman）米海軍長官は、米軍にも無人機の開発と配備が必要だと主張し、それを受けてレーガン政権は無人機の本格的開発に着手した。

そして、一九八〇年代半ばに登場した無人機、ＩＡＩＲＱ‐５ハンター（Hunter＝「狩人」の意味）及びＦＱ‐２パイオニア（Pioneer＝「先駆者」の意味）は、ほとんどイスラエルの無人機の写しであったといわれる。一九九一年の湾岸戦争でパイオニアは、米海軍が海上からイラクの軍事目標に向けて16インチ砲を発射する際、目標の位置を正確に測定するのに大いに役立ったといわれる。

（四）攻撃能力を持つ無人機の登場

一九九四年に初めてテスト飛行が行われたジェネラル・アトミックス社（General Atomics Aeronautical System）製の無人機、ＲＱ‐１プレデター（Predator＝「捕食者」の意味）は、米国に移住した元イスラエル空軍の技術将校エイブラハム・カレム（Abraham Karem）の設計に基づいたといわれるが、これは偵察機能だけではなく、ＡＧＭ‐114ヘルファイア（Hellfire＝「地獄の業火」の意味）と呼ばれる空対地ミサイルを搭載して攻撃能力を持つ初めての無人機として、その後の米国の攻撃用無人機の主流をなすものとなった。

現在、米国防省は無人機を、「人間の操縦者が搭乗せず、動力を備えた航空機であって、空気力学的推進力によって離陸し、自動的にあるいは遠隔操作によって飛行し、使い捨てであるいは帰投可能であって、致命的あるいは非致命的積載物を運搬し得るもの」と定義している。

この定義に当てはまる米軍の無人機は現在、空軍のほか陸・海・海兵隊の各軍にさまざまの機種が配備されており、偵察、捜索、救援、給油、戦闘、空爆など多様な目的に使われている。そのなかでも、本稿で問題とする「標的殺害」に使われてきた無人機は、主として空軍配備のＲＱ‐１プレデター（その最新版はＭＱ‐1Bプレデター）と、その改良版であるＭＱ‐９リーパー（Reaper＝「死に神」の意味）だといわれる。

米空軍の発表によれば、MQ-1Bプレデターの性能は、次の通りである。ロータックス（Rotax）914F4シリンダー・エンジン 一一五馬力を装備。翼幅五五フィート、全長二七フィート、高さ六・九フィート、重量一一三〇ポンド。積載量四五〇ポンド。巡航時速八四～一三五マイル。無着陸飛行距離七七〇マイル。最高上昇高度二万五千フィート。レーザー誘導ミサイルAGM-114ヘルファイアを二基搭載。

またMQ-9リーパーの性能は次のようになっている。ハニーウエル（Honeywell）TPE331-10GDターボ・エンジン、九〇〇馬力を装備。翼幅六六フィート、全長三六フィート、高さ一二・五フィート、重量四九〇〇ポンド。積載量三七五〇ポンド。巡航時速二三〇マイル。無着陸飛行距離一一五〇マイル。最高上昇高度五万フィート。AGM-114ヘルファイアのほかGBU-12、GBU-38スマート爆弾などを搭載。

2　同時多発テロと無人機による「標的殺害」の展開

（一）ブッシュ政権による「テロとの戦い」

二〇〇一年九月十一日に米国で起こった同時多発テロに対しブッシュ（George W. Bush）大統領は、オサマ・ビン・ラーディン（Osama bin Laden）の率いるイスラーム過激派組織アルカーイダ（al-Qaeda）が米国に対し武力攻撃をしかけたものと断定し、米国はアルカーイダとの間に戦争状態に入ったと宣言した。

米国議会も同時多発テロから一週間後に「軍事力行使権限法」（Authorization for Use of Military Force=AUMF）を可決した。同法は大統領に対し、「二〇〇一年九月十一日に起こったテロ攻撃を計画し、認可し、実行し、援助したと大統領が認定した国家、組織または個人、あるいはこれらの組織や個人を匿ったと大統領が認定した者に対し、あらゆる必要かつ適切な軍事力の行使を認める」と定めたのである。

これを受けてブッシュ大統領は中央情報局（Central Intelligence Agency=CIA）に対し、事実上世界のどこにおいてでもアルカーイダの主要メンバーを見つけ出して殺害する権限を付与する旨の「告示覚書」（Memorandum of Notification）に署名した。さらに米国は、ビン・ラーディンが潜伏するアフガニスタンのタリバーン政権に対し彼の身柄引き渡しを要求したが、タリバーン政権がこれを拒んだことを理由に二〇〇一年一〇月、アフガニスタンへの軍事攻撃に踏み切った。アフガン戦争の始まりである。

（二）無人機による攻撃の二つのバージョン

米国の軍事攻撃によりタリバーン政権は二〇〇一年一二月に崩壊し、その後にカルザイ（Hamid Karzai）政権が樹立されたが、水面下でタリバーンは勢力を復活し、またアルカーイダの勢力も隣国のパキスタンに逃れるなどして反米活動を継続した。米軍はアフガニスタンにおける戦闘（そして後にはイラクにおける戦闘）で必要に応じ無人機による攻撃も行った。

これは米軍が通常兵器の一環として無人機を使用したもので、いわば無人機攻撃の「軍部版」であるが、これとは別にＣＩＡは、上記の「告示覚書」に基づき、アルカーイダの幹部と目される者を無人機により探し出して殺害するという「標的殺害」を開始した。米国の著名な調査ジャーナリスト、ジェーン・メイヤー（Jane Mayer）によれば、これはいわば無人機攻撃の「ＣＩＡ版」であるが、その全容はほとんど明らかにされなかった。

もっとも「標的殺害」そのものはなにもＣＩＡに限られたわけではなく、軍の特殊部隊によっても行われてきた。その代表的な事例として二〇一一年五月二日、パキスタンにあったオサマ・ビン・ラーディンの隠れ家を米海軍の特殊部隊（ＳＥＡＬｓ）が急襲して彼を殺害したことが知られている。また、ＣＩＡが無人機を使って行う「標的殺害」にも軍が密接に絡んだケースが少なくないといわれる。

ニューヨークに本部のある国際人権ＮＧＯ「ヒューマン・ライツ・ウオッチ」（Human Rights Watch）のアジア人権部長ジョン・シフトン（John Sifton）によれば、ＣＩＡが初めて無人機による「標的殺害」を行ったのは二〇〇二年二月四日、アフガニスタン・パクチア州のザワール・キリ（Zawar Kili）においてであった。そこにはかつてソ連軍が侵攻していた時代に、ソ連軍に抵抗するイスラーム戦士たちのためにサウジアラビアとCIAの援助によって作られた大きな基地の跡地があった。

かねて無人機によってオサマ・ビン・ラーディンの行方を捜索していたCIAは、その跡地の周辺で無人機のカメラが捉えた三人の男のうちの一人をビン・ラーディンであると判断し、ヘルファイア・ミサイルを発射して三人を殺害した。しかし実はこの三人は爆弾の破片のクズ鉄を拾いに来ていた一般人であることが、後に現地でのジャーナリストの取材で明らかとなった。

（三）公表されない「標的殺害」の内容と民間による調査

その後CIAによるドローン攻撃は、主として米軍が進駐していない国でアルカーイダあるいはタリバーンの主要メンバーを見つけ出して殺害することを目的として行われた。こうしたCIAによる「ドローン攻撃」は、無人機の整備点検やミサイル積載などの離着陸に関連する業務はパキスタンその他の国に秘密裡に設けた航空基地で民間の委託業者に行わせ、離陸後の操縦やカメラによる標的の捜索や確認、ミサイル発射などは、米本国にあるＣＩＡの施設でコンピューターのモニター画面を凝視する複数のオペレーターによって行われるのが普通のパターンだといわれる。また、オペレーターの少なくとも一人は軍の元パイロットであるといわれる。

このようにして二〇〇二年十一月にはイエメンにおいて、かつて米軍艦コールに爆弾をしかけたとされるアルカーイダの幹部カエド・サリム・シナン・ハレーシ（Qaed Salim Sinan al-Harethi）らが乗っていた車に無人機からヘルファイア・ミサイルを発射し、ハレーシと五人の同乗者の殺害に成功したと米政府は公表した。これは米政府によって「標的殺害」の内容が公表された稀有のケースであり、その他の事例についてはほとんど公表されていない。

それでもその概要は、ジャーナリストや人権ＮＧＯなどの精力的な取材や調査によって、次第に明らかにされてきた。すでに引用したジェーン・メイヤーやジョン・シフトンのほかにも、米国の財団「ニュー・アメリカン・ファンデーション」（New American Foundation=NAF）による「年次ドローン調査」（The Year of the Drone Project）、同じく米国の「民主主義防衛財団」（Foundation for Defense of Democracies=FDD）のブログLong War Journal、そしてロンドンに本部のある「調査ジャーナリズム事務局」（The Bureau of Investigative Journalism=BIJ）などが、精力的に調査を行ってきた。

また米国の研究者のなかにも、この問題を厳しく追及してきた者が少なくない。とくにスタンフォード大学ロースクールの「国際人権・紛争解決クリニック」（International Human Rights and Conflict Resolution Clinic=Stanford Clinic）とニューヨーク大学ロースクールの「グローバル正義クリニック」（Global Justice Clinic=NYU Clinic）は共同してパキスタンにおけるドローン攻撃の実態について詳細な調査を行い、『ドローンの下で生きる─パキスタンにおける米国のドローン攻撃による市民の死傷とトラウマ』と題する報告書を二〇一二年九月に発表した。

3　オバマ政権の下で激増したドローン攻撃

（一）七倍に増えたパキスタンでのドローン攻撃

これらの調査によれば、「標的殺害」は二〇〇四年からＣＩＡがとくにパキスタン北西部のアフガニスタンと境を接する「連邦直轄部族地域」（Federally Administered Tribal Areas=FATA）で頻繁に行ってきたが、それ以外にもイエメン、ソマリア、リビアでＣＩＡが、あるいは軍とＣＩＡとが合同の秘密軍事作戦として行ってきた。前述のように、米政府もＣＩＡもそれらの実態をほとんど明らかにしていないが、パキスタンでは二〇〇四年から二〇〇九年一月のブッシュ政権が退陣するまでの五年間に、「調査ジャーナリズム事務局」（BIJ）の調査では少なくとも五一回のドローン攻撃が行われた。

ところが二〇〇九年一月にオバマ政権が発足してから二〇一五年一月末までの六年間に、パキスタンにおけるドローン攻撃の回数は約七倍に激増した。すなわちＢＩＪの調査によれば、パキスタンにおけるドローン攻撃が行われた。なお、パキスタン国内では三六二回のドローン攻撃が行われた。なお、パキスタンにおけるドローン攻撃による死傷者の数は、ＢＩＪの調査によれば、二〇〇四年から二〇一五年一月末までの累計で次のようになっている。死者二四三八～三九四三名、うちシビリアンの死者四一六～九五九名、うち子供の死者一六八～二〇四名、負傷者一一四二～一七二〇名。

（二）「標的殺害」の拡がりと「特徴攻撃」への傾斜

またＢＩＪの調査によれば、二〇〇二年から二〇一五年一月までの間にイエメンで行われた米国の秘密軍事作戦は、攻撃回数一七八～二七〇回、うちドローン攻撃が一六三～一九八回となっている。これらによる死者数は八九八～一四五三名、うちシビリアンの死者一五九～二五六名、うち子供の死者四〇～四五名で、負傷者数は一七九～四二六名となっている。

また二〇〇七年から二〇一五年一月までの間にソマリアで行われた米国の秘密軍事作戦は、攻撃回数一五〜二三、うちドローン攻撃が八〜一二回で、これらによる死者総数は六〇〜二四三名、うちシビリアンの死者七〜五二名、うち子供の死者〇〜二名で、負傷者数は一三〜二八名となっている。

またオバマ政権になってから、いわゆる「特徴攻撃」（Signature Strikes）が行われるようになったことも、ブッシュ政権時代との大きな違いだといわれる。すなわちブッシュ政権時代には、アルカーイダあるいはタリバーンの幹部と特定される個人を標的にして攻撃（Personality Strikes）が行われたのに対し、オバマ政権になってからは、生活パターンなどの「特徴」の分析からテロリスト組織に属すると判断される「集団」を標的に攻撃（Group Strikes）が行われるようになった。しかし、これに対しては各方面から批判が続出しことから、それを「特徴攻撃」から「テロ攻撃予防攻撃」（Terrorist-Attack-Disruption Strikes=TDDS）と呼び変えるようになった。しかし、呼び方は変わっても、実態は「特徴攻撃」と変わらない。

（三）逡巡から積極的推進に転じたオバマ大統領

オバマが大統領に就任してわずか三日目の二〇〇九年一月二三日、パキスタンでは同じ日に二回のドローン攻撃が行われた。一回目はアルカーイダに属すると思われる四人のアラブ人の殺害に成功したが、二回目の攻撃では誤って親政府の部族長の屋敷にミサイルが撃ち込まれ、その家族全員が死亡したという。

オバマ政権の反テロ戦略を分析し、『殺すか捕らえるか―対テロ戦争とオバマ大統領の心情』と題する著書を出したニューズウィーク誌の記者ダニエル・クレイドマン（Daniel Klaidman）によれば、オバマは当初、こうしたドローン攻撃に逡巡の気持ちを抱いていたが、その後信頼する側近たち、とくにカートライト（James E. Cartwright）統合参謀本部副議長、ブレナン（John Brennan）対テロリズム問題担当補佐官らに説得されて、むしろ積極的にそれを推進する方針に転じたといわれる。

また、オバマ政権の軍事政策を詳しく分析して『対決と秘匿―オバマの秘密戦争とアメリカの力の驚くべき使用』と題する書物を著したニューヨーク・タイムズ紙のワシントン支局長デーヴィッド・サンガー（David E. Sanger）によれば、ドローン攻撃は実はオバマのかねてからの主張に最も適した戦略であった。というのは、オバマはブッシュ政権がイラクで必要もない誤った戦争を開始し、長期間にわたって大量の米軍兵士を占領のために張り付け、多数の死傷者を出し、膨大な資金を浪費したことを強く批判していた。それゆえオバマは、泥沼の地上戦や長期間にわたる占領という事態を極力避けながら（つまり、「軽地上部隊派遣戦略＝Light-Footprint Strategy」に基づいて）、アルカーイダなどの反米テロリスト勢力を壊滅する方策を追求すべきだということを、大統領選挙戦当時から強く主張していた。オバマがドローン攻撃に対する当初の逡巡を捨てて積極的推進に転じた真の理由は、彼のこうした持論にそれが最適の方策だと判断したからだとサンガーは指摘する。

オバマ大統領は、国際的に批判を浴びたキューバのグアンタナモ基地の収容所を閉鎖すべきだと主張していたし、二〇〇九年十二月一〇日の彼のノーベル平和賞受賞演説のなかでも閉鎖の約束を繰り返した。しかし皮肉なことに、その約束がいまだに実現されていないのに、ノーベル賞を受賞した時点ですでに、彼はブッシュ前大統領が任期中にグアンタナモ収容所に収容したテロ容疑者の数の二倍にも及ぶテロ容疑者をドローン攻撃で殺害することを認めていたのである。

4　ドローン攻撃の正当性をＰＲするオバマ政権

（一）さまざまな機会をとらえて正当性をＰＲ

オバマ政権は、こうした無人機による「標的殺害」の正当性を一貫して主張してきた。こうした主張の代表的な例として、二〇一〇年三月二五日の米国国際法学会年次総会におけるハロルド・コウ（Harold H. Koh）務省法律顧問（当時）の講演、二〇一二年三月一五日にノースウエスタン大学ロースクールで行われたエリック・ホールダー（Erick Holder）司法長官の講演、二〇一二年四三〇日のウイルソン・センターにおけるジョン・ブレナン対テロ問題担当大統領補佐官（現ＣＩＡ長官）の講演などを挙げることができる。

オバマ大統領自身も二〇一三年五月二三日、首都ワシントンの国防大学で行った演説において、ドローンを駆使することによるアルカーイダ指導部の抹殺が、米国の対テロ戦略にとって必要不可欠であることを強調した。

（二）法的正当性の主張

コウ顧問は上記の講演において、次のように法的な正当性を主張した。

①同時多発テロの結果、米国はアルカーイダ、タリバーン及びそれらと「結びついた勢力」（associated forces）との間に武力紛争の状態にあり、国連憲章第五一条で認められた個別的自衛権に基づき軍事力を行使している。

②こうした軍事力行使は、軍事目標のみを対象とするという「区別の原則」、「均衡の原則」など戦争法の諸原則を順守する形で行われている。

③特定の個人を標的に攻撃するのは戦争法に反するという議論があるが、第二次世界大戦中、日本軍の司令長官の搭乗機を狙って撃墜した先例からも明らかなように、アルカーイダの幹部を標的として攻撃することは合法である。

④ある者はこれを「法的手続きを経ない不法な殺害」と非難するが、自衛権に基づき正当な軍事行動を行っている国家は攻撃の前にいちいち法的手続きを要請されることはない。

⑤ある者はこれを「政治的暗殺禁止」を定めた米国内法に違反すると言うが、自衛戦争における軍事攻撃で敵の軍事指導者を標的にするのは暗殺には相当せず、したがって違法ではない。

ホールダー司法長官もまた、コウ顧問と同様の主張を述べたのに加えて、次のように論じた。

①米国は通常の戦争とは異なり、活動の場を世界中に移動させている非国家アクターと戦争をしているのである。

②もちろん米国は外国の主権尊重という国際法の原則を守らねばならぬが、当該外国の承認がある場合、もしくは当該外国が米国に対する急迫した脅威に適切に対処できないことが明らかな場合には、当該外国の領域における軍事力行使は国際法の原則に反す

るものではない。

（三）倫理的・政策的な正当性の主張

他方、ブレナン補佐官は、「米国の対テロ戦略の有効性と倫理性」と題する上記の講演において、コウ及びホールダーと同じ論拠で合法性を主張したのに加えて、次のように倫理的・政策的な正当性を主張した。

①無人機からの精密誘導ミサイルによるアルカーイダ、タリバーン及びそれと結びついた勢力の幹部に対する攻撃は、在来型の軍事攻撃と比べて極めて正確に目標だけを殺害することができ、副次的損害（collateral damage）を最小限に抑えることができるので、むしろ在来型の軍事攻撃よりもはるかに倫理的である。

②無人機はきわめて峻嶮な地形の上空を何百マイルも飛び続け、かつ驚くような正確さで標的を攻撃し、米国の要員への危険を劇的に減らすかゼロにし、かつ大量の爆弾投下と比べて無辜の市民への危害を最小限に抑えることができるので、倫理的であると同時にきわめて賢明な政策でもある。

オバマ大統領自身も、二〇一三年五月二三日の国防大学における演説のなかで上記の三人と同趣旨の主張を展開し、とくに米国が行っているのは「自衛戦争」であるとし、そのために地上軍の派遣や大々的な軍事攻勢を行うよりも遥かに一般市民への犠牲が少ない形でアルカーイダの幹部の多くを払拭できたのは、慎重に行ってきたドローン攻撃の成果であると強調した。

もっとも、ドローン攻撃への内外からの批判が高まったことから、翌二〇一四年の五月二八日にウエストポイントの陸軍士官学校の卒業式で行った演説でオバマ大統領は、①われわれは米国への急迫した脅威があり、かつシビリアンへの危害がほぼないと判断される場合に限ってドローン攻撃を行う、②われわれは対テロリズム戦略の実施に当たって、より透明性を高め、説明責任を果たしていく、と述べた。しかし、オバマのこの約束がいまだに果たされていないことは、後で見る通りである。

5　ドローン攻撃に対するさまざまな疑念や批判

（一）法的な側面からの疑念や批判

こうした政権側の弁明にもかかわらず、米国が戦場ではない外国の領域で行っているドローン攻撃に対しては、国際的にも国内からも多くの疑念や批判が表明されてきた。

まず法的な視点からは、①米国はアルカーイダという国家ではないアクターに対して自衛権に基づく戦争を行っていると主張するが、その主張に基づくドローン攻撃は、国連憲章、戦争法、国際人権法、国際人道法などの国際法の諸原則に照らして合法とは言えない、②米国がパキスタン、イエメン、ソマリアなどで「標的殺害」を繰り返しているのは、明らかにこれらの国の主権に対する侵害である、等々の疑問が数多く出されている。早い時期に出された厳しい批判としては、二〇〇三年一月の国連人権委員会における「司法手続きを経ない略式あるいは恣意的な処刑」に関する特別報告があり、そこでは「標的殺害」を「司法手続きを経ない処刑」に相当すると批判した。

また、二〇一〇年五月に発表された国連人権理事会の「司法手続きを経ない略式あるいは恣意的な処刑」に関する特別報告においては、①無人機による「標的殺害」が個別的自衛権の行使に基づくという主張は十分な妥当性を持たない、②仮に個別的自衛権に基づく武力行使であるとしても、脅威の急迫性、それに対する攻撃の均衡性、標的選択の基準、区別の原則（標的以外への危害の有無）などに関して透明性がなく、説明責任を全く果たしていないのは著しく妥当性を欠く、などの指摘がなされた。

ヒューマン・ライツ・ウオッチもまた二〇一〇年十二月と二〇一一年十一月の二度にわたりオバマ大統領に書簡を送り、①ＣＩＡがグローバルに「標的殺害」を行っているのは自衛権に基づく軍事力行使の域を超えるものではないか、②「標的」選定の基準が全く明らかにされていないのは不当であり、とくにアルカーイダ、タリバーンと「結びついた勢力」(associated forces)という規定はきわめて曖昧で不当に拡大される恐れがある、③戦争法や国際人権法に照らして甚だしく合法性が疑われる、④米政府はシビリアンに対する被害の実態を全く明らかにしていないが、それを詳細に明らかにし、必要に応じて補償すべきである、などと追及した。

また、CIAによる「標的殺害」は、一九七六年にフォード（Gerald Ford）大統領により発せられ、その後歴代の大統領によって順守が約束されてきた「政治的暗殺を禁止する大統領命令」に違反するものであるという批判も各方面から出されている。

（二）人道的・政策的な視点からの批判

とくに問題とされているのは、内容がほとんど明らかにされないまま米政府の一方的判断で「標的」が選定され、ひそかに殺害が行われていることから、米国が世界に誇ってきた「人権尊重」、「法の支配」、「民主的手続」などの価値を著しく損ねているという点である。

例えばジミー・カーター（Jimmy Carter）元大統領は二〇一二年六月二四日付けのニューヨーク・タイムズ紙に寄せた論文のなかで、「世界人権宣言の採択の際に示したように、米国は過去に人権分野では世界で主導的役割を果たしてきたのに、現在の米政府の反テロリズム政策は人権宣言三〇カ条のうちの一〇カ条以上に違反しており、いまや米国はその役割を放棄したと言わざるを得ない」と厳しく批判した。

クルト・ヴォルカー（Kurt Volker）元駐NATO大使も二〇一二年一〇月二七日付けのワシントン・ポスト紙に寄せた論文のなかで、「ドローン攻撃は米国に遠隔からのハイテクによる非道徳的な〝死の調達者〟というイメージを与え、反米テロリストのリクルートを容易にしている」と指摘した。二〇一二年十一月二日のワシントン・ポスト紙の社説は、このヴォルカーの言葉を引きながら、米国の反テロリズム戦略にはより大きな透明性と説明責任、議会によるチェック、CIAではなく軍による実施が必要であり、少なくとも新たな国で作戦を行う際には、その国との事前の協定及び米国議会による承認を必要とすべきだと論じた。

先に引用したスタンフォード大とニューヨーク大の両クリニックの共同調査によれば、パキスタン北西部のワジリスタン（Waziristan）と呼ばれる地域では、無人機がひっきりなしに上空を飛び続け、頻繁に標的攻撃を行い、しばしば一般市民も巻き込まれて犠牲になっていることから、住民の多くはいつ誤爆の被害を受けるかも知れないという恐怖から日常生活が大幅に乱され、とくに女性、子供、高齢者のなかには精神的に変調をきたし、トラウマを抱えている人が少なくないという。事実、両クリニックの現地調査では、無人機から誤爆を受けた人々への救援活動、さらには犠牲者の葬列までドローン攻撃の対象となった事例があったことを指摘している。

両クリニックの調査報告書は、いわゆる「特徴攻撃」の不当性をとくに強く非難し、これによりマスコミで伝えられているよりもはるかに多くの一般市民が犠牲となっている事実があると指摘する。米当局は「特徴攻撃」はテロリストの草の根を断つために有効だとして正当化に努めたが、両クリニックに言わせれば、こうした「特徴攻撃」が多くの一般市民を殺害していることから、現地では反米感情が高まり、米国の狙いとは逆に、むしろ若者が反米活動に参加しようという誘因を強める結果を生んでいるのである。こうした批判は、両クリニックの調査報告書だけではなく、他の多くの論者からも表明されている。

事実、ピュー研究センター（Pew Research Center）が二〇一二年にパキスタンで行った世論調査によれば、調査対象者の七四％が米国を「パキスタンの味方であるよりはむしろ敵である」とみなしており、この数字は二〇〇九年の調査における六四％と比べてもかなりの上昇である。デニス・ブレア（Dennis C. Blair）元国家情報長官は、二〇一一年四月一四日付けのニューヨーク・タイムズ紙に寄せた論文のなかで、米国の一方的なドローン攻撃がパキスタンにおける米国の影響力を低め、インド・パキスタン対話の促進、パキスタンの核の安全性の確保といった他の安全保障上の目的達成に大きな阻害要因となっていることを指摘した。

（二）国連の特別報告とヒューマン・ライツ・ウオッチの報告書による批判

国連人権理事会は、「テロリズムとの戦いの過程で人権と基本的自由をどう擁護し促進すべきか」という議題に関連し、英国の法律家ベン・エマーソン（Ben Emmerson）を特別報告者に指名した。これに基づきエマーソンは、二〇一四年二月二八日に同理事会に、そして同年三月一一日に国連総会に報告書を提出したが、そのなかで、パキスタンでの実地調査により判明したドローン攻撃によるシビリアンの被害について、次のような具体的事例を明らかにした。すなわち、

①二〇〇六年六月三〇日、バジャール部族地域シェンガイの宗教学校へのドローン攻撃で、即死者が八〇名以上出たが、そのうちの六九名は一八歳以下の子供であった。

②二〇〇九年六月二三日に南ワジリスタンのラッタカで行われていた葬儀へのドローン攻撃で、死者八三名、負傷者二七名が出たが、死者のうち一〇名は子供、四名は部族の長老であった。

③二〇一一年三月一七日、北ワジリスタンのノマダで開かれていた部族評議会（ジルガ）の集まりにドローン攻撃が行われた結果、四三名が死亡、一四名が負傷したが、これらはほとんどがシビリアンであった。

④二〇一一年六月一五日、北ワジリスタンのミランシャ近郊を走行中の自動車にドローン攻撃が行われて五名が死亡しだが、彼らはパキスタン水力発電公社に関係するシビリアンであった。

⑤二〇一二年七月六日、北ワジリスタンのゾイシッジ村で仕事を終えて労働者が休んでいたテントにドローンから二発のミサイルが発射されたが、最初のミサイルで八名が死亡、二発目のミサイルで一〇名が死亡、さらに計二二名が負傷したが、彼らはすべてシビリアンであった、等々である。

また、ヒューマン・ライツ・ウオッチは、次の二つの報告書、『ドローンとアルカーイダとのはざまで―イエメンにおける米国の標的殺害による民間人の犠牲』（二〇一三年一〇月）及び『葬式と化した結婚式―イエメンにおける結婚式の車列へのドローン攻撃』（二〇一四年二月）を発表し、米国によるドローン攻撃がイエメンにおいて多数の一般市民を殺害しているにもかかわらず、米国政府が公式にはそれらについて一切発表せず、むしろこれらの犠牲者の多くがテロリストであったという偽りの情報をわざと一部のマスコミにリークしたことなどを厳しく批判した。

6　ドローン攻撃の戦略的な問題点

（一）テロリストとテロ組織の拡散を促す

ドローン攻撃の戦略的な問題点としてまず指摘すべきことは、ドローン攻撃などによるアルカーイダの幹部の暗殺が、テロリスト組織を総体として弱体化させるよりはむしろ、こうした組織を世界中に拡散させる結果を招いたのではないかということである。たしかに米国の特殊部隊による急襲やドローン攻撃によって、オサマ・ビン・ラーデンをはじめ、アルカーイダの多くの有力な幹部が殺害され、それによってアルカーイダの中枢組織が自らテロ活動を行う能力を大きくそがれたことは事実であろう。

しかし、その代わりにアルカーイダから派生し、あるいはそれと別個の形で形成された多くのテロリスト組織が世界各地に現れて過激なテロ活動を展開し、世界中に大きな衝撃を与えつつあることは、周知のとおりである。こうした組織は、「イラクのアルカーイダ」、「アラビア半島のアルカーイダ」、「イスラーム・マグリブのアルカーイダ」といった地域名を冠したアルカーイダ系組織のほかに、ソマリアの「アッシャバーブ」（al-

Shabaab）、ナイジェリアの「ボコ・ハラム」（Boko Haram）、さらにはいま最も注目を集めている「イスラーム国」などである。また、それらに影響を受けながらも、直接的にはどの組織にも属さぬ一匹オオカミ的なテロリストによる銃撃事件などが世界各地で頻繁に起こっては、マスコミを賑やかせている。

こうした多くのテロ組織が発生して次々とテロ活動を展開し、あるいはそれに影響を受けたと思われる個別のテロ事件が世界各地で次々と起こっている原因は、もちろんさまざまであって、けっして一様ではない。中東やアフリカでは、長期間にわたる独裁体制による抑圧や極端な貧富の格差への鬱積した不満、イスラエルによるパレスチナ人への抑圧と殺戮およびそれに対する米国の支持への怒り、イラク戦争やリビアへの軍事攻撃がもたらした大規模な破壊や殺戮そして武器の拡散、「アラブの春」と呼ばれた新体制への移行の挫折などが挙げられるであろう。また、欧米では地域社会から疎外されているというイスラーム系の若者たちの鬱積した不満などがあると思われる。

しかし、米国がこれまで行ってきた「テロとの戦い」のやり方が、世界中の多くの若者たちを反米的なテロ活動に駆り立てる一つの大きな要因となっていることは、間違いのない事実であると思われる。パキスタンやイエメンなどでのドローン攻撃が多くの一般市民を巻き添えにして殺害しながらも、米国政府がそれについていっさい目をつぶってきたことが、若者たちを反米的なテロ組織へと向かわせる要因となってきたことは、すでに多くの論者の指摘を紹介してきたとおりである。

（二）悪い先例としてのドローン戦争

次に多くの論者が提起しているのは、米国によるドローン戦争、すなわち無人機による「標的殺害」が、他の国にとってきわめて悪い先例となるのではないかという危惧である。米会計検査院によれば、ロシア、中国、インド、パキスタン、イランを含む少なくとも七六カ国がすでに無人機を所有しており、とりわけ中国は現在、二五のタイプの無人機を開発中だといわれる。

現在、米国は無人機製造の分野では世界で圧倒的シェアを占め、ジェネラル・ダイナミックス社やノースロップ・グラマン社などの主要メーカーは生産拡大に追われ、輸出促進にも大いに力を注いでいる。もちろん輸出管理規制によって輸出先は限定されているが、今後一〇年間に世界で九四〇億ドル以上が無人機購入に費やされると見込まれていることから、輸出ドライブに拍車がかかることは間違いないであろう。

超ハイテクのロボット技術とコンピューター技術とを結合させた無人機は、軍事分野とは別に、捜索・遭難救助・災害支援といった民生分野においても非常に大きな役割を果たすものと期待される。とくに模型飛行機のように小さく作られたヘリコプター・タイプの無人機は、原発事故現場のように人間が近づけない危険な場所で、写真撮影その他の観察や調査に絶大な効果を発揮するものと期待される。

このように無人機の将来には大きな期待が寄せられるが、半面、米国が現在行っているように、それが多くの国によって「標的殺害」に利用されるようになれば、国際安全保障上きわめて好ましくない結果を生むであろう。仮に例えばロシアがチェチェンで、あるいは中国がチベットでというふうに、多くの国がテロ鎮圧という名目で反体制派に対する無人機による「標的殺害」を常習化し、それを地域的に拡げた場合に、その先例を作った米国は、はたしてそれを非難できるのであろうか。無人機の効用を力説し、オバマ政権のドローン攻撃の正当性を主張するジョン・ブレナンでさえ、先に引用した講演のなかで、米国が他国の先例を作っていることを認めている。

(三) 戦争の在り方を変える

無人機の利用がもたらすもう一つ大きな問題は、戦争の在り方そのものにかかわる問題である。情報技術とロボット技術との結合が戦争にどのような影響を与えるかを考察し、『ネット化される戦争—ロボット革命と21世紀における紛争』と題する著書をあらわしたブルッキングス研究所のピーター・シンガー（Peter W. Singer）は、ドローン戦争について次のように強い危惧を表明している。

まず第一に、殺害の現場と殺害を実際に行う人間との距離があまりにも遠くかけ離れているため、殺害する側は殺害される側が同じ生身の人間であるという感覚を持てないことである。パキスタンの攻撃現場から遠く離れたラングレーのＣＩＡ本部でモニターの大画面を前にし、ドローンのテレビ・カメラが捉える映像を追いながらドローンを操作するオペレーターにとって、標的の発見とその標的へのミサイルの発射は、あたかもジョイストックを握って行うゲームのような感覚で行われるかもしれない。

第二の問題は、ドローン戦争が攻撃側に全くと言っていいほど人的損害をもたらさないことから、それが困惑するほど攻撃側にとって魅惑的なことである。とりわけ政治指導者にとってみれば、自国の若者たちの血を全く流すことなく、したがって戦死した兵士たちの家族の苦悩や恨みを選挙区に抱えることなく戦争を行えるということが、戦争突入への敷居を低めてしまうかも知れないのである。

『ネーション』誌の二〇一二年二月号に「無人機の略史」という論文を書いたジョン・シフトン（John Sifton）は、英国防省が二〇一一年に発表したという報告書のなかから次の記述を引いて、同じような危惧を表明している。「もし政策決定者が危機管理の際のオプションを考察するに当たって損害の危険を考察から除去できるとすれば、軍事力の行使はより魅力的なものとなるであろう。その場合、政策決定者は、政策オプションとして、以前よりもはるかに容易に戦争に訴えるようになるであろう」。

米国のオバマ政権がいまもなお行いつつあるドローン戦争は、実はこのようにきわめて重要な多くの問題を抱えているのである。

（本稿は金沢工業大学国際学研究所編『科学技術と国際関係』（内外出版株式会社、平成二五年四月発行）に載せた拙稿「情報技術革命と『曖昧な戦争』―いわゆる『ドローン戦争』をめぐって」を修正・加筆したものである。）

［主要参考文献］

John Sifton, "A Brief History of Drones", *The Nation*, Feb. 7, 2012.
Jeremiah Gertler, *U.S. Unmanned Aerial Systems*, Congressional Research Service, Jan. 2012.
Peter W. Singer, *Wired for War: The Robotics Revolution and Conflict in the 21st Century*, Penguin Press, N.Y., 2009.
Jane Mayer, "The Predator War", *New Yorker*, Oct. 26, 2009.

Stanford Clinic and NYU Clinic, *Living Under Drones: Death, Injury and Trauma to Civilians from US Drone Practice in Pakistan,* Sep., 2012.

Daniel Klaidman, *Kill or Capture: The War on Terror and the Soul of the Obama Presidency,* Houghton Mifflin Harcourt, N.Y. 2012.

David E. Sanger, *Confront and Conceal: Obama's Secret Wars and Surprising Use of American Power,* Crown Publishing, N.Y., 2012.

Jeremy Schahill, *Dirty Wars: The World Is a Battlefield*, Nation Books, N.Y., 2013.

Mark Mazzetti, *The Way of the Knife: The CIA, a Secret Army, and a War at the Ends of the Earth,* Penguin Press, N.Y.,2013.

Maeda Benjamin, *Drone Warfare: Killing by Remote Control,* Verso, N.Y., 2013.

Lloyd C. Gardner, *Killing Machine : The American Presidency in the Age of Drone Warfare,* The New Press, N.Y., 2013.

Human Rights Watch, *Between a Drone and Al-Qaeda: The Civilian Cost of US Targeted Killing in Yemen,* Oct., 2013.

Human Rights Watch, *A Wedding That Became a Funeral: US Drone Attack on Marriage Procession In Yemen,* Feb., 2014.

UN General Assembly, *Report of Special Rapporteur on the Promotion and Protecting of Human Rights and Fundamental Freedoms While Countering Terrorism, Ben Emmerson*, 11 March 2014 (A/HRC25/59).

The Bureau of Investigative Journalism, Get the Data: Drone Wars, http://www.thebureauinvestigatives.com/（二〇一五年三月一日アクセス）

Ⅳ　アラブ・イスラーム世界から見た日本の集団安全保障政策

「イラク、シリアの難民・避難民支援、トルコ、レバノンへの支援をするのは、ＩＳＩＬ（「イスラム国」）がもたらす脅威を少しでも食い止めるためです。地道な人材開発、インフラ整備を含め、ＩＳＩＬと闘う周辺各国に、総額で二億ドル程度、支援をお約束します」（日本政府公式発表文）

これは今年初めにあった安倍晋三首相の中東訪問の際、エジプトで行われた演説の言葉であるが、「人道支援」とされる日本の新たな施策発表の一部分である。しかしこれこそは「イスラム国」によって日本は「十字軍」の一味であると見なされ、また日本国内では日本人人質の運命を左右する事件の発端になったものと批判された。

もちろんこれまでにも日本人を標的にしたテロ行為は、イラク、エジプト、アルジェリアなどでも発生したことは、誰の記憶にも新しい。しかし今回の事件はその残忍さでは抜き出ているので当分その余波は残るのであろう。さらに今回は、日本政府を相手取りその対外政策を問題とした点でも他の事案とは異なっている。日本の支援は「イスラム国」への敵対行為と見なされ、したがってそれは「十字軍」に加担したのであるとされた。「十字軍」はここでは実際上、集団安全保障の体制として言及されているのである。つまり「イスラム国」によって、日本の集団安保政策のあり方が問題提起されたのであった。

そこで本稿では「イスラム国」に限らずもう少し視野を広げて、日本が戦後維持してきた平和主義や集団安保政策が、アラブ・ムスリム世界ではどのように見られているか、それに昨今大きな変化が見られるかどうか、という点に焦点を当てて整理し現状把握をしたい。

次にはアラブ・ムスリムから見て「十字軍」とは、反欧米感情の象徴のような位置付けにあるが、社会の底流にある滔々としたこの流れの歴史的な構造を分析的に提示することとしたい。最後に日本人にとって今後は、より入り組んだ関係の構築が必要となるこのアラブ・ムスリム世界と手を携えていく上での、幾つかの注意点を検討してみることが必要であろう。またその一例として、いわゆる混迷の時代を経過しつつあるアラブ・ムスリム諸国ではあるが、その中には意外と論理的な展開があると観察されることを指摘したい。

1　対日友好と日本の集団安全保障政策

（一）友好ムードは終わったのか？

アラブ・ムスリムから見れば、長い間日本は友好的でかわいい兄弟のような存在であったということは、広く知られている。「アルヤーバーン・クワイエサ（日本は善良だ）」という言葉は、お世辞ではなく道行く市民や大学仲間たちから普通に耳にする声であった。そのような蜜月期間が終わりつつあるか、あるいは終わったからこそ、今度のような人質殺害事件に至ったのであろうか。

まずはそのような友好ムードの要因を振り返ってみよう。その背景としてはよく言われることだが、日露戦争で非西欧国家としてはじめて日本が欧州のロシアに勝利したことである。エジプトでは小学校で教えられる詩歌のテーマとなり、さらにはアラブを越えてトルコなどでも同様な扱い振りである。さらに広くは、アラブには欧米に対比して自分たちは東洋人だという感覚が従来よりあり、日本人も東洋人なのだから、といった側面からの親近感も語られることがある。

それに加えて、日本が営々と積み重ねてきた外交努力がある。なかでもPLO（パレスチナ解放機構）に早くから代表権を認めるなど、その立場に理解を示すパレスチナ問題への取り組み方が、アラブ・ムスリムの琴線に触れるようにして好評を博していたのである。常にＥＵ（ヨーロッパ連合）や米国の先を行き、事実ＰＬＯの国際社会における認知への重要な道先案内になっていたといっても過言ではなかった。筆者自身も若い頃、国際連合安全保障理事会の決議案作成作業に携わっていたが、その際の立ち位置としては文字通り欧米諸国をアラブ側に出来るだけ引っ張って妥協点を見出そうとする気持ちで臨むのが通常であった。逆に、やり過ぎは自重すべしというのが、アラブ側への注文となった。

また経済開発と民生向上を謳ったＯＤＡ（政府開発援助）も一因である。いわゆる紐のつかない援助は欧米からは期待しにくいし、たとえ欧米側にそう説明されてもなかなかアラブ・ムスリムの疑念も晴れないのである。その点日本の援助は素直に受け取れるし、かゆいところに手が届くといった感触であったと言えよう。

最後には、日本同情論がある。訪日するアラブ人には日本は世界唯一の被爆国であるという意識が前面にあり、広島や長崎を訪れる人々が大きな比率を占めているという事実はあまり日本では知られていない。正確な統計はないかもしれないが、関西の観光旅行よりもまず、被爆地が優先されるケースが少なくないのである。

このような一般的な親日友好ムードは、間違いなく広く日本人、アラブ人の双方において認められてきた。しかしそれは昨今の日本の安全保障政策の変化によって、どのように影響されてきたのであろうか。それが相当悪化したからこそ、今度の「イスラム国」の人質殺害に至ったのではないのか。これは普通に湧いてくる設問であろう。

しかし結論を先取りして述べると、それはまだ左程には悪化していないということである。ただし大きな対日イメージの変化に至る前兆かもしれないという意味で、意味深長な変化を見せつつあることは看過できない。現状としては、日本の集団安全保障政策が話題になり、しかも新聞、テレビなどで相当それは詳細に紹介され、論じられつつあるということである。つまり彼らの意識の上で、大きなテーマとなってきているのである。その様子を昨年夏頃発表された、幾つかの主要な論評記事を中心に確かめることにしよう。

(二) 主要な論調

昨年七月一日の憲法解釈の変更に関する閣議決定で日本の集団的自衛権の行使を認めたあたりから、アラブの報道振りは熱気を帯び始めた。同月三〇日のアルバヤーン紙（アラブ首長国、電子版）で、日本学の専門家であるマスウード・ダーヒル教授（レバノン人）は、日本の安全保障の基礎は直接行動ではなくソフト・パワー重視であり、その性格は集団的自衛権を承認したからといって何ら変更されるものではないと強調した。吉田茂以来の経緯を含めて、ある程度詳しく日本の安保政策の変遷も説明した。他方、「ソフト・パワー」重視を担保することともなるが、日本政府が同時に閣議決定した武力行使に関する三要件（我が国の存立が脅かされ、国民の生命、自由及び幸福追求の権利が根底から覆される恐れのあること、他に適当な手段がないこと、必要最小限度の実力行使に止めること）にまで突っ込んでは論じられていない。

次いで八月一日のアルリヤード紙（サウジアラビア、電子版）では、論説委員のザイド・アルマルフーン氏がこれも過去の経緯を詳述し、一九八七年に日本の国民総生産の一％を防衛予算が超過した時点より、日本の安保政策論議は急速に活発化したと説明。その後、日本にとっては軍事技術輸出、集団的自衛権行使、ＯＤＡによる他国軍支援という三点が課題となってきたが、第一点はすでに達成されてオーストラリアや米国との潜水艦やミサイル技術に関する協議が開始されたと紹介。それを受けて、今度は第二点の集団的自衛権行使が承認されたのだと位置づけた。そして第三点は未達成だがそれも遠からず実現されようとしつつ、いずれにしても日本にとっては相変わらず、「繁栄が安保政策を保障するものであることは変わりないだろう」と結んでいる。要するに、引き続き軍事行動は抑制的であり、平和と繁栄を希求する国是に変わりないとしているのである。

最後に見るのは、九月二五日付けで、有名なアルジャジーラ研究所サミーウ・シッディーキー所員による論評である。終戦後の占領下における日本の軍事政策の百八十度の転換の状況やその後の安保論議の概要を丁寧に説明し、冒頭より今度の集団的自衛権行使の容認は、日本の軍国主義への回帰ではないと一貫して強調した。一九九〇年の湾岸戦争で日本は百三十億ドルもの資金拠出をしながらも、「小さすぎ、遅すぎ」と非難された、しかし二〇〇三年の対イラク戦争では「軍靴を陸上に」との要請に答えて、陸上自衛隊のサマワ地方への派遣に踏み切ったと紹介し、いずれも日本の対外軍事行動は中東がその舞台を提供してきたことを指摘。最後には再び、軍国主義、つまり軍事的な威嚇や実力行使で国際関係の維持運営を図らんとする戦前のあり方の復活とは別物であると再確認をした。

このような論議や解説がなされる最中、日本側ではさらに海外邦人保護のための自衛隊派遣を可能にし、あるいはＯＤＡ大綱で非軍事の他国軍支援は認めるとの方針転換が発表されてきた。それらの新たな進展を受けて、なお日本の平和主義や「ソフト・パワー」信奉に影響はないのかどうかといった論評は、本書が出版される時点ではまだ出されていない。そのような評論が出るとしても、なお今しばらく時間がかかるものと思われる。

なお右に見た三本の論評を通じて共通した特徴として、二点挙げられる。まず集団的自衛権行使の閣議決定はほとんど「安倍」総理の一人芝居のように語られているという点である。それまで三〇年以上かけて行われた議論や、多数の専門家、顧問団の寄与、さらにはその存在には一言も触れられていないのである。個人重視のアラブの習癖でもあるのであろうが、このような発想は「イスラム国」の日本人人質を巡る恐喝の言葉の中で、「アベ」として個人名が連呼されたのと同じものであり、同様な現象ということになる。

二つ目の共通点としては、いずれも対日友好から対日警戒に移行する契機を孕んでいるということである。なぜならば集団的自衛権行使容認の背景として、昨今の中国の軍事的膨張と尖閣列島の領有問題を挙げている。そして中国との勢力拮抗のために、日本は米国と組まざるを得ないという喫緊の必要性に迫られているとしている。ちなみに、八月一日付アルリヤード紙には、黄海をはさんで西側に中国、東側に日本と米国の国旗を掲げて対立する人の姿を描いた漫画が掲載されたが、それは端的に彼らの状況把握のあり方を示したものとなっている(http://3.bp.blogspot.com/-T87nR-cs7Iw/UtZUe-i25uI/AAAAAAAAAJnc/kYLBxyhhDRs/s1600/3.jpg)。もちろんかかる因果関係を指摘すること自体は問題ないとしても、われわれが注目しなければならないのは、日本の米国との同盟関係が強化されつつあることが注視されているという点である。

この問題は次節で述べる通り、欧米はアラブ・ムスリムとは相互に警戒心を解いたことのない、いわば潜在敵国の関係としてアラブ側では位置付けられているというのが全体像である以上、日本はその一端を形成していると見られるということになる。換言すれば、

日本もアラブ・ムスリムの潜在敵国と認定されるかもしれないのだ。

こうして日本の集団安全保障の中核に米国があることこそ、アラブ・ムスリムの注目点なのである。つまり彼らの対米警戒心の延長線上の問題にあるということだ。またそれこそが昨年夏以来、集団的自衛権承認を契機にして彼らが日本の安保政策に熱気を帯びて注目し始めた原因でもあるということになる。

（三）対日友好確認論

ところでこのような脈絡の中、非常に興味の引かれる一篇の長文の論評記事が出された。本年二月九日付けのアルザマン紙（イラク）に寄せられた、バグダード大学文学部長であるマハムード・アルカイスィー教授が執筆したものである。「二人の日本人人質問題に光を当てる」と題されている。その内容は、日本がどれほどアラブ贔屓に人道援助に励んできたか、日本人はどれほど誠心誠意の国民であるかということを、自身が歴史家であることを十分しのばせる包括的な視点から書き綴ったものである。日本精神の真髄は、共生、協力、寛容、調和の四点にあるという。またイラクで数年前に殺害された日本人ジャーナリストの妻は、日本国内で同情心から集められた寄付の全額を子供たちのためにとして、イラクに学校を建設してくれたことなども紹介している。そして人質だった後藤健二さんは殺害されたが、ヨルダン政府は歴史ある日本のアラブ寄りの実績に鑑みて、世論を抑えてでもヨルダン人パイロットの釈放を要求すべきではなかったと暗に示唆するほどなのである。

これほどに日本のことを格別に思うべきだとする長篇の記事は、日本政府のお先棒を担いでいるのでは、と首を傾げたくなるほどである。しかしここで見逃すべきでないことはその点よりは、このような日本贔屓論は逆に対日友好ムードに陰りが見え始めたからではないかという懸念である。つまり物事の裏側を教えるのは反面教師と言われるが、この論説も逆流の存在があるからこそだと受け止められるのである。初心なかわいい日本ではなくなりつつある、という見方や指摘がそれなりにアラブ・ムスリムの心の中をよぎっていると看取されるのである。

そしてその直接、間接の原因となり底流を成しているのは、彼らの胸を騒がせることの多くなった日本の集団安保政策の変遷、ありていに言えば戦前の軍国主義復活を想起させる方向のさまざまな動向であり、それが心理的にもたらす波風であると言わねばならないのだろう。またそのような動向はすべて米国への傾斜の強化というのが実態である。アラブ・ムスリムが最大の警戒心を持たざるを得ないのは、この最後の点であることはすでに明らかであろう。

2　なぜ「十字軍」が言及されるのか？

ところで十字軍というものを知らない人はいないだろう。しかしそれがどうして「イスラム国家」の口から飛び出すことになったのか、そしてそれにどうして日本が加担しているとして関係付けられなければならなかったのかについては、首をかしげる人が少なくないと見られる。そこでこれから、いわばその謎解きをしてみたい。それは中でも、アラブ・ムスリムが広く共有する歴史に根付いている反欧米感情の底流を理解するということでもある。

（一）反欧米感情第一の柱

初めに理解が求められるのは、彼らが持っている世界史的、広くは宇宙的な誇りと自尊心である。このような広大な自尊心は、今の日本からは想像するのも容易ではない。それは戦後長く日本では見られないどころか、戦前の間違いへの反省とともに否定される運命にあり、そのことが国際社会における日本の腰の低さを生み出して来たのであった。彼らの強靭な自信の究極的な源泉は、宇宙と人類全体の存在を説明し、人に生きがいを与え、未来永劫の楽園である天国への道標を与えてくれるイスラームの教えが彼らにアラビア語で啓示されたことにある。事実、その教えゆえにイスラームは世界史に類例を見ない速さと規模で諸大陸制覇を成し遂げ、広く布教に成功を収めたのだ、それはアッラーのご意向でありその差配の証明である、と彼らは信じて疑わないのである。

それだけにその現実と深い真理の信奉を妨げるものは、何であれ障害であり敵対すべきものとして写るのは、むしろ自然だということになる。またそのような彼らの心理構造を了解できることが、アラブ・ムスリムの持つ反欧米の情念を理解する第一歩ということになるのである。当然それは人により大小や強弱の差があるし、環境によってもそのあり方は種々に分かれる。底流と言う時は、そのようなバラエティのあることを前提にしているのである。そこで右のような反欧米感情の源泉が了解されたとして、以下はそれの内容を大きく三点に整理したい。

第一は、文字通り歴史上の事件としての、「十字軍」との戦闘である。これは誰しも知るとおり、十一世紀末に出されたローマ法王の呼びかけにより、欧州諸国から派遣された聖地エルサレムの奪還作戦であった。だが、最後には十字軍を追放してイスラーム側は勝利したことを思えば、それを恨みとして記憶しているのは、少しお門違いではないかといわねばならない。ということは、アラブ・ムスリムは史実上の戦争の相手としての十字軍ではなく、象徴的にイスラームに敵対する勢力を広く「十字軍」と呼称しているということになる。

多少付言すると、十字軍を許しがたき暴挙と見る事象として、実際の戦闘以外に次のようなことが挙げられる。それは悪戦苦闘の末に十字軍は一〇九九年にエルサレムを占拠し、晴れてエルサレム王国を建設することに成功したが、そのエルサレム征服時に流されたムスリムの血は、イエス・キリストが十字架を背負って歩んだといわれる道も含めて、街中の狭い石畳の道路を川のように流れていたと記録にある。ところがイスラーム側が同都市の奪還に成功した際には、キリスト教徒の流血の惨事は起こらなかったのであった。それほどに、イスラームは慈悲の宗教であり、寛容さを誇るものだとされるのである。

またイスラエルのパレスチナ支配もアラブ・ムスリムの悔しがるところであるが、一方ほぼ同様に残念なこととして今日も語られるのは、現在スペインのあるイベリア半島である。アラビア語ではアンダルシアの地とよばれるが、それは砂漠の民からすれば緑と水に溢れる天国のような理想郷とも思われたことは想像に難くない。イベリア半島は八世紀のアラブ軍侵攻以来、一四九二年に完全撤退するまでの間、七世紀の長きにわたって統治を継続し、その間アラブ・ムスリム文化を欧州側に伝えた。そしてそのことがヨーロッパ・ルネサンス誕生の大きな契機となったことは、日本の世界史の授業にも出てくる通りである。

このイベリア半島の喪失は、ムスリム側の十字軍史の記述には立派に正面から扱われているのである。西欧の十字軍記述は、パレスチナを巡る展開が中心でそれに加えてエジプトでの戦闘などが含まれるに過ぎない。ちなみにイベリア半島も含むイスラーム流の広い視野の十字軍研究は、すでに行き詰った感のある欧米の同研究のあり方に対して、全欧州的規模の軍事作戦行動であった十字軍の全貌を与えるものとして、新鮮な視点と刺激を与えている。このような研究動向の展開は現代における知的レベルの極めて興味深い相互作用であるとともに、何かといまだに尾を引いている欧米中心主義の世界観や価値観に対して一矢放っているとも言えよう。

（二）反欧米感情第二の柱

第二の反欧米感情の柱は西欧の植民地主義であり、中でもその結果としてのイスラエルの存在ということになる。被植民地側が持つ被害感情が反発の原因となることは、日本は植民地主義側であったにしても理解できない人はいないだろう。いまだに世界中に広まっている感情である。

ただしアラブ・ムスリムの場合は、イスラエルの誕生という西欧近現代史の落し子のような存在が、喉元に刺さった魚の骨のように居座ることとなった。ではなぜイスラエルを彼らは糾弾するのか。もちろんコーランにもユダヤ人に対する警戒心や、しばしば敵対関係があったことも記されている。

しかし最後は、宗教間の無益な争いは克服するように諭され、あなたにはあなたの教えを、私には私の教えがあるように、と説かれている。それはキリスト教徒に対しても同様であり、それだけに中世以来イスラーム商業の大切な担い手として、彼らは大活躍してきたのであった。あるいは場合によっては、支配者の顧問、宮廷建築家、科学者なども多数輩出してきた。ただし非ムスリムには特別の人頭税が課せられてはいた。

パレスチナ人にしてみれば、自分たちの領土が奪われたのだから、反発するのは当然であろう。また多くのアラブ諸国にしても、それが当面の具体的な問題である。パレスチナは前に見たイベリア半島と同じく、風光明媚で果実も美味豊富な理想郷の一つでもある。

しかしそれでもパレスチナ人の政権が認められる国際環境となり、その政権はイスラエルの存在を承認して、細かな行政事務を互いに協議する段階にまで到達したのである。それならば過去は過去として、将来へ向けてすっきり新たな出発を祝うしかないということになるのであろうか。そこが人の持つ感情、そしてそれにまつわる利害関係の複雑さである。同種の諸問題は、日本周辺にも多数類似の例があるので、これ以上言葉を費やす必要はないであろう。

かつては国際連合でも国際場裏での二大政治問題といえば、南アフリカの人種隔離政策（アパルトヘイト）とパレスチナ問題であった。しかし前者はつとにすっかり議題からは抹消されて、一応解決された形となっている。残るのは、後者である。さなきだにアラブの歩調が乱れるとイスラエルは必ずすかさずに入植地の数を増加させ、あるいはエルサレムの遮断壁の増築など新手で攻めるのが通例となっている。まだまだ血を相当流さないと、双方の妥協と知恵による事態の平静化は望まれないのであろうか。

そしてそれよりも最近「イスラム国」との関係で問題となっているのは、旧宗主国に移民した人たちの第二、あるいは第三世代の若者たちが蒙むっているいわれなき差別と社会的疎外感である。その源は植民地主義にありということが、改めて自らの実感として身迫るのである。そしてやるせなさから、シリアやイラクへと何万と向かっているというケースが多く報じられている。これはまさしく、植民地主義の皺寄せが現代になって一気に若者たちに襲いかかっているという事態である。そしてそのような青年たちは十分の教育も受け、場合によっては能力的にも元々のヨーロッパ人住民よりも優秀な連中も少なくないから、この社会矛盾が余計に浮き彫りとなる。

（三）反欧米感情第三の柱

第三の反欧米感情の源泉は、イスラームに対する侮辱であり、さらにはイスラーム学に対するいわれなき無視と軽蔑感である。預言者の風刺漫画が騒ぎの焦点となって以来久しいものがあるが、最近はパリ市内のど真ん中で出版社の社長らが暗殺される事件が起こった。そして他宗教や他文化への尊厳の維持と表現の自由の対立という見地からも世界的な議論が起こされたことは忘れられない。

ムスリムが持つ自尊心の大きさと高さに関しては、本節の初めに導入口として少し言葉を費やして説明したところである。腰を低くするなどという日本流はまるでありえないことである。もちろんムスリムの間では謙譲の美徳が教えられ、それはコーランでも強調されるし、イスラームの倫理道徳の重要な徳目の一つとなっている。また逆に傲慢さは悪魔の仕業とされている。しかしイスラームの外から後ろ指を指される理由は全くないということが、ここで取り上げている側面である。否、むしろ他宗教や他文化よりも優れている、人類最良の宗教であり信徒間の共同社会は最善のものであるとコーランに説かれているので、何ら疑う余地がないということになる。

このような自負心と自信の強さは、平生の日本社会ではお目にかからないので、本稿でいくら書いても不十分なことは目に見えている。恐らくその強靭さはイスラーム信仰の機軸が絶対神との誓約であるというイスラームの成り立ちにも影響されていると思われる。こうなるとイスラーム信仰の中身とその特質といった、信仰論に話が及ばなければならなくなる。これは途方もなく本題から離れてしまうので、今はこのあたりで筆を収めざるを得ない。しかし一応全体の説明はしたかと思うので、この後は読者諸氏のご賢察に待つということとしたい。

補足しておきたいことは、イスラームに対する侮辱の問題と、さらにはその延長としてイスラーム学に対する執拗な無視と侮蔑という問題が別途存在するということである。後者はあまり注目されることもなく、時事的な事件にも縁遠いが厳然として歴史上存続しているのである。それは具体的には、例えば預言者の言動を記した伝承集といわれるものが、コーランを補う第二のイスラームの原典となっている。しかしその伝承の内容は、すべて恣意的に事後作文されたものであり、一切科学的な根拠に欠けるとする西欧イスラーム学の立場である。これは数世紀以前からヨーロッパのイスラーム学者間で主張されてきてはいたが、現在は多くは相当事実を伝えているという結論に落ち着いてきている。日本書紀は根拠がないと思われたときもあったが、よく調査するとそれほどでたらめや作為的なものではなく、史実を伝えている部分は相当あるし、いずれにしても編纂当時の真摯な執筆態度は間違いないものであったという。預言者伝承集もおよそそのような姿に近いということであろう。しかし伝統的なムスリムからすれば、それはとんでもないことで、特に二大伝承集とされる原書に掲載された伝承は、ムスリムの信仰と生活において疑問なく受け止められるのが普通である。

ここで少々頭をめぐらせると、キリスト教のバイブルはイエスの教えを高弟たちが記したものであり、仏典に至っては数世紀経ってから信者たちが書き記したものも多数ある。それがすべて釈迦の教えとして翻訳され、諸国に伝えられたのであった。預言者伝承とは、第一世代の高弟たちが伝え、その後伝承を伝えるテキスト本体は、連綿とつながる伝承者の氏名の連鎖とともにすべて記録され、数世紀経ってから書籍としてまとめられたものである。このような単純な比較からも、預言者伝承だけがすべて贋作だというとすれば、その刃はキリスト教徒などにも自分に向かってくることにもなるのであろう。

以上は預言者伝承に関する西欧イスラーム学から起こされた問題提起であった。それ以外にも何かとイスラームの貢献や独創性を傷つける方向の疑問提起は少なくない。イスラーム法は当然、コーランと預言者伝承に依拠する膨大な法体系であるが、それの大半は東ローマ帝国法典のアラビア語訳が基礎をなしているとする学説もある。多数のギリシア諸科学がアラビア語に組織的に翻訳されて、それがイスラーム諸科学の基を構成した事実は広く知られている。それをムスリムの歴史家や科学者が否定することなど、何もないのである。しかしイスラーム法となると、いわゆる世俗学問ではないこともあり、容易には譲れないものがあるのだ。問題は事実がどうであったのかという点であるが、行政法や国家組織法関係はローマ法から得たものがあるとしても、イスラームの基本精神に則る諸儀礼、刑法、親族等身分法はコーランに直接言及されているところでもあるので、そのローマ法典借用の可能性は多少あったとしても極めて限定的なものであったといわねばならない。

とにかくもここで挙げている問題点は、各論がどうということではなく、イスラームの諸学は結局偽作か、あるいは輸入物であったとの主張をするのに嬉々としていそしんでいるという欧州側の風潮であり、それには敏感に反発するアラブ・ムスリム側からの欧米側に対する疑念と猜疑心は克服されていないということである。

しかしそれも時代とともに新たな可能性が出てきているのは、なんとも喜ばしい。それは欧米のイスラーム学の最高学府にムスリム学者が進出し始めているということである。それはこの数十年の間に起こった進展である。コーラン解釈の最高権威とみなされる学者がエジプト出身で、その人はイギリスのオックスフォード大学で教鞭をとっているといった例である。もちろん彼はムスリムであるからといっても裏口入学ではなく、あらゆる学問的な試練をパスし、またその研究内容は厳しい学問的な審査と評価の関門を通過していることは言うまでもない。

今後ともこのような高度なレベルにおける相互の交流と役割分担で、相当程度にイスラーム学に関する偏見と執拗な侮辱的扱いの除去は進められるものと期待されるのである。

（四）今後はどうなる？

以上でアラブ・ムスリムに広く流れている反欧米感情の底流の源泉を三本の柱にまとめて提示した。それぞれが長い歴史と深い哲学的な背景を伴っており、容易にはその牙を抜き、あるいは毒気を除去できないものばかりである。敢えて比喩を用いれば、九・一一はそれらの総決算としての、アラブの忠臣蔵である。

ちなみにヨルダンのテレビ評論家はヨルダンＴＶ局のインタビューに答えて、「イスラム国」の人質釈放交渉は少し光が見えかけたところで失速した理由は、ヨルダンのパイロットの釈放を要求しつつその生存証明を前提条件として求めたからだとした。そしてそのような条件は元来ヨルダンが考えていたのではなく、米国の横槍があったからだと説明していた。事の真相究明は後日されることがあるとしても、こういったところで必ず米国の圧力が口に出されるのはよく見かける光景である。責任のなすりつけといえばそれまでで、何も珍しくない代物となる。しかしそれはやはり広義の反欧米感情の表出であり、それに訴えて自国ヨルダンの責任を逃れようという瞬時の着想でもある。この受け入れられやすい反米感情の側面に、本稿は焦点を当てているのである。

「十字軍」への言及は反イスラームの敵対勢力一般を指す象徴的な用語であると述べた。またそれは現代社会でも新たな装いで登場する魔性を帯びた常套用語でもある。「イスラム国」が発表したかれらの「国」の完成された全版図には、イベリア半島からペルシアまでが含まれているのである。つまり彼らの規定する「十字軍」からの領土回復が彼らの将来像なのである。

赤十字は国際社会では広く認められているが、その例外はイスラーム諸国である。そこでは「十字」はありえないので、緑の半月が救急車のロゴマークとなっている。これはイスラーム側の「十字軍」への過敏性症候群に近いと言える現象かもしれない。

ちなみに人質事件真っ最中の一月九日に出された「イスラム国」広報官とされるアブー・

ムハンマド・アドナーンの「あなた方は怒りをもって死ね」という演説を、筆者は録音で何回も丹念に聴いたことがあった。そのときの驚きは、そこで展開された議論や諸説の主軸は、伝統的なイスラームの教説と比較しても何ら間違ったことは主張していないのである。つまり彼にしても指導者とされるアブー・バクル・アルバグダーディーにしても、イスラームのことは十分学習し、その主要点を間違えずに踏まえているということである。世が世ならば、いずれも立派な説教師として登場していたかもしれない。

テロという手段やそれを肯定するかのような似非論理は非難され、決して許されることはないにしても、彼らのイスラーム思想の基本は別問題であることを明らかに示した。歴史上正統派とされる著名なイスラーム学者の学説と、「イスラム国」の主張を丁寧に比較する研究者も将来出てくるであろうが、恐らくその結論はほぼ見えている。彼らは反欧米感情をドラマティックに誇張し、露骨に表現し、それをテロという手段で現実行動に移したということである。

つまり「イスラム国」を超えてもその感情の潮流は変わらず、二一世紀を通じても風化する必然性は当面見当たらないのである。もちろん各論としては、すでに例としてイスラーム学への偏見や侮蔑の改善について述べたように、一歩一歩の前進はあるし、それには多大な期待が寄せられるのである。

3　新規巻き直しの迫られる日本

以上において、対日イメージはまだ急激には転換されていないことを説明した。またアラブ・イスラームの抱く底流としての反欧米感情はまだまだ存続することとなる事情も明らかになったかと思う。以下においては、そのような枠組みと変化しつつある対日環境を踏まえて、これからはどのようなことに用心して日本は臨むべきかという諸点について記すこととしたい。

(一) 現地事情理解のために

(ア) 混迷は非論理ではないこと

本節のポイントは、アラブ・ムスリム社会が混迷の時代にあるとしても、その内実を少し遠距離から中長期的に見ると、意外と論理的な展開を示しているということである。このような認識をわれわれの頭に描いておくと、今後の事態の観察や判断に重要な影響があると思われる。そのためには幾つかの事例を挙げるのが、一番手っ取り早く、また確かな方法であろう。

二〇一四年六月に「イスラム国」の樹立が宣言されたのは、大半の人にとって寝耳に水であったと思われる。実際筆者もしばらくの間は格別の注意も払わなかったし、残酷な欧米人人質殺害の写真が出回ってるのを見たときには、このような組織はどうせ長くは続くはずはないということしか頭を巡るものはなかった。だがその感想が誤りであったことは、現在確かなことである。

しかし当初の感想として、もう一つの思いが並存していた。それは「イスラム国」のようなものが登場するのは、理にかなっているなと感じたということである。それはもちろん彼らのテロ活動やその非道な手段についてではなく、スンナ派に基づく純粋なイスラームの社会を構築したいと主張する点である。それは二〇〇三年四月、サダム・フセインが米国に追放されてその支配体制に終止符を打った時以来、相当程度に必然の帰結と思われたことを思い出した。

つまり以前のイラクはスンナ派の少数支配体制が軍事力で徹底させられていたのだが、そこへ米国他による連合軍支配の下で急に選挙という数の支配による制度が導入されたので数の有利を誇るシーア派が圧倒的に国政に進出したのだ。大統領は選挙しなくても事実上、シーア派の独占ということになってしまったのである。そのような中、スンナ派が黙っているのだろうか、というのが筆者の当時以来の大きな疑問だったのだ。選挙で巻き返しを図ることは、当分考えられないという構造上の障害を抱えていたのであった。

こうしてスンナ派の巻き返し作戦が何らかの形で登場することは避けられないとの事態を迎えていたのであった。選挙がだめなら手段は非公式なもの、即ちテロリズムということしか残されていない。他方同じスンナ派といっても、サウジアラビアや他の湾岸諸国が手を貸してくれるほど、彼らは国外での行動に活発ではありえないこともあまりに明らかであった。

こういう全般の事態に十分目を配れなかったのはオバマ政権のある意味での事なかれ主義であり、イラク戦争とアフガン戦争の二戦線からの撤退を課題としていたという縮み志向のタイミングが助勢することとなってしまった。そこに軍事的な真空地帯が生じていたのであった。

後からこうだったと解説するのは何でも容易であることは十分筆者も承知しているが、ここで強調しておきたいのは、以上のような成り行きにおいて論理が一貫していることである。狼少年になるのは誰しも望まない。しかし誰しも状況を考察するときには、中東は分かりにくい、あるいは難しいとしてしまわないことが大切だということになる。また論理的に想定される惨状に関しては、少なくともいわゆる専門家は果敢に必要な警鐘を鳴らす覚悟を持たなければならないということである。

（イ）混迷は西欧植民地主義の落し子

中東の大混乱状態は、アラブ・ムスリムの責任であり、それは無能さの証明だといった調子の非難を浴びせることは容易だが、しかしそれでは的を射ているとはいえない。これまでの歴史を振り返ると、二十世紀前半は植民地主義諸国からの独立、同世紀後半は開発と発展を主要課題としてきた。そして急速な成長を求めるあまり独裁制をも許容する結果となり、それが二〇一一年以来の民主化を求める「アラブの春」といわれる革命運動へと繋がったのである。ここにも一種の論理的な展開を見ることが出来る。

そこで指摘したいことは、英仏による植民地からの脱却に際しては、常に分裂要因を内包するようにして、彼らは撤退してきたということである。一九二一年、イギリスの委任統治の下でイラク王国が成立したが、その政権からは国民の多数派であるシーア派は排除されていた。イギリスの言い分は、シーア派は交渉に招待したが出席を拒否したというのである。それは口実に過ぎないか、ある程度の真実を含んでいるかはあまり関係ない。要するに小数派であるスンナ派に政権を委ねて、国内分裂の火種をイラクの大地に埋め込んでから撤退したのであった。

シリアも同様で、フランスはしきりに少数派のアラウィー派を軍人として鍛え上げ、仏軍撤退後はその少数派が軍事力で多数派のスンナ派を抑えるように仕組んだのであった。そのことが現在のシリア情勢の土壌である。

スーダンではムスリムとキリスト教徒が反目するように南北両勢力を配置する格好で英軍の撤退が図られて、事実現在はスーダンは南北の二カ国に分裂してしまった。

ちなみに一九九七年、イギリスが香港を中国に返還するに当たっては、香港の民主化を最大限進めることを掲げて国際社会にも訴えつつ、それを返還のための対中国交渉でも極めて大きく取り上げたのである。イギリス統治下では前面に出さなかった問題を、この後に及んで付け焼刃的に主要テーマに浮上させたのであった。これは実際は、民主化要求を大義名分として使った中国分断策だということは誰の目にも明らかであった。

こうして植民地主義諸国の常套手段として、新独立国には分裂と混乱の火種を残し、やがてそれはビルト・インされているマグマのように勢力を増殖することが目論まれたのであった。

（二）日本の平和ボケ

今度の人質殺害事件を経ることで、多くの人が平和ボケを感じたことかと思われる。七〇年間の泰平の世を過ごすことで、「敵の敵は友、しかし敵の友は敵」という単純な方程式が感覚的にピンと来なくなっているのである。「ここは戦場だ」といった血生臭さからも縁遠くなってしまった。

（ア）「十字軍」は禁句

そこでアラブ・ムスリムとの関係では、まずその教訓第一は、今後とも「十字軍」という用語はあらゆる文脈において、日本人は慎むべきだということである。真逆のいい例は、イラク戦争に入って間もない頃、ブッシュ大統領が「これは十字軍の戦いだ」と世界のジャーナリストの前で発言したことであろう。あまりに反響が大きいので、直ちにホワイト・ハウスは躍起になってその取り消しに奔走する一幕もあった。「日本は十字軍の一味になった」とナイフ片手の「イスラム国」の発言があってからしばらく経つので、多くの人にとっては初めにそれを聞いた時のショックや違和感はもう薄くなっているかもしれない。

しかし「イスラム国」の団員や、広くはアラビア語を使用する諸国民にとっては、日本が「イスラム国」によって十字軍カウントされたという事実は、まず忘れようもなく深々と記憶の襞に刻まれているのである。もちろんそれは大半のアラブにとって賛成ということではなくても、これから何かことがあればその記憶は蘇り、ほとんど瞬時に「十字軍」と日本を結び付ける連想ゲームがセットされたのである。またそのような神通力があるからこそ、その用語は破棄されず使用され続けるのだともいえよう。

そしてその連想が背後にいる米国との同盟関係に及ぶときこそ致命的となるかもしれな

いのである。その前後の事情はすでに読者諸氏には明らかであろう。だから「十字軍」は日本人にとって、アラブ・ムスリムとの関係では今や禁句となったのである。またそれと表裏一体で同義だが、米国との同盟関係を前面に押し出し、あるいはイスラエル擁護論に積極的に組するか、またはそう受け取られる発言はほとんど犯罪的なものであるということになる。

（イ）敵味方のはっきりした発想

いま一つ今後留意して警戒すべきは、少し話は飛ぶような印象かもしれないが、仏教とイスラームにおける人間関係の相違である。仏教における穏やかな人間関係の教説は、それなりに平和ボケ現象に寄与しているか、少なくとも随伴していると思われるが、その点イスラームは全く反対であることを強調しておきたい。

中でも人間の本性をどう捉えて、どう付き合うかという点である。イスラームでは人間の心には良い面と悪い面が並存していると見る。天邪鬼のことをジンとアラビア語では言うが、人の心にはジンがやたら住みついているのだ。嫉妬心、恨み、反発心など、イスラームの神学書には数十は下らない数のジンが挙げられている。それに比べて良い面も、親切心、愛情、同情など、やはり多数挙げられている。

これらの諸側面を併せ持つ人間というものに信者は十分注意しろと、コーランの一番最後の章は警告を発して締めくくっている。「（アッラーに）ご加護を乞い願う、……こっそり忍び込み、囁くものの悪から。それが人間の胸に囁きかける、ジンであろうと、人間であろうと」（人々章）。このように人の心に悪を囁くジンは、自分の心にも他人の心にも潜んでいるので、たとえ家族であってもあくまで他人への警戒心は揺るがせにできないとされる。

他方、仏教でも人はもちろん良い面と一〇八の煩悩という悪い面を併せ持つが、信者たる者、あくまで自らは仏の心を持つことにより、接する人の仏心を引き出し育ませるように求められる。それは悪行を黙認するのではないが、出来るだけ甘受しまた無抵抗の鞭で導くという姿勢が尊しとされていると言えようか。

このように日本は平和主義とされ、それは国策であるといわれるが、国民性からしても穏健で柔和で、悪くすると事なかれ主義に陥りやすいとまで言われる。しかしイスラームは全く逆で、ランランと目を開けており行動的能動的の一言なのである。他人の間違いや違約は、特に非ムスリムに対してはまず許さない。それを容認することは、不義を認めないというアッラーとの誓約に悖ることとなるからだ。敵と味方がはっきり別れるというような、すさまじい世界や生き方は日本人の通常の生活には見られないものである。味方とはあくまで友人であるが、一度敵性ありとなると最悪の事態が現実のものとなりうるという、彼らの常識をわれわれも了解しておく必要がある。

そしてこの平和ボケを打破して、アラブとの関係ではもはや緑信号の時代は過ぎ去ったという頭の切り替えをこの場でできるかどうかに、これからの生死を分ける鍵があると言えよう。そこでいわば溺れる者は藁をも掴むというわけではないが、人質殺害で日本人がアラブ・イスラームを恨んだり悪感情を抱いたりしていると思われるのは、片腹痛い誤解であるとの点は鮮明に彼らに訴えるに越したことはない。日本人は中東の現状を憂いているが、他方では今後への期待感も大きいという率直な気持ちを伝えようという試みが、声明文を伝達することにより市民レベルで実施されてきたことをここで紹介しておきたい。そのテキストは末尾に資料として掲載しておいた。

（三）イスラームは新たな価値観

最後に安全保障と離れるような印象を与えることを持ち出す番となった。しかし中東を観察して理解するには、次のような視点も必須になるである。

世界人口のほぼ四分の一に上ろうとするムスリムの数は、圧倒的といえよう。つまりその存在を前提に物事を考える必要があるということだ。好き嫌いをはるかに超えた現実ということである。だからまずはあらゆる意味でイスラームに対する対決姿勢は非生産的だということになる。観光客の歓迎、スポーツ交流の奨励などなど、町中に溢れるようにムスリムがいておかしくないのである。

しかしそれは何も人数や経済面の利得だけが念頭にあるのではない。はるかにそれより深い、いわば哲学レベルでもイスラームを受容するエネルギーと進取の気性が求められるのである。それは広く言えば、数世紀にわたる欧米中心主義の崩落と新たな価値観の躍進ということを指しているのである。資本主義でありグローバリズムの大義名分の下、競争、差別、排除主義、融和よりは二律背反の世界観などの価値観を世界にばら撒き続けた欧米諸国も、さまざまな方面でその行き詰まりを感じ始めて一世紀は経過する。しかしいまだにその勢いは継続され、主流としての座は譲っていない。

だから言えることは、イスラームが強いのは偶然では決してないということ。それはいわば新平等主義とでもいえるような欧米とは異なる価値観を体現しているのである。人々は本源的に平等であり、ただ法の前の平等を形式的に唱える民主制よりは一歩も二歩も前に進んで、実質的な平等こそが人間だとするのだ。そうなると福祉や介護活動がイスラームの主要な社会活動であることもうなずける。

イスラームの何であれ、受け入れよといった甘くて偏ったことを言っているのではない。少なくともイスラームには世界的に受容される素地があり、それは従来パターンの欧米のものとは異なるということである。今はそれだけにしておこう。それ以上は、イスラームであり、世界文明論の講義のようになる。

一方、イスラームは内部からの改革の試みもある程度は進展している。「イスラム国」の残虐さにかんがみて、エジプトのシーシー大統領はカイロのイスラーム学府であるアズハル大学に対して、慈悲の教えとしてのイスラーム理解を強調し、テロ活動を否定することをイスラームの教説の中に取り入れた新たな解釈を提示するように要求した。そうでなくてもイスラームの現代的な改革はさまざまに試みがなされ、そのいずれもが現代社会の必要性との関連で注目されている。

イスラームを毛嫌いしたり排除するのではなく、人類に新たな価値とその世界をもたらすものとして、学習の対象とし自らの脳裏の中に正しく位置づける努力が、今後の関係維持と相互の恵み多き発展を担保するものであるという結論になる。

《資料》　「激動する中東への日本からのメッセージ」

中東を思う日本人グループ　二〇一五年春

呼びかけ人（アイウエオ順）　飯塚正人、近藤久美子、樋口美作、太勇次郎、水谷周、宮田律、

吉村作治　　賛同者八〇名強

「イスラム国」は世界に激震を与えているが、それでなくても大きな変貌を遂げつつある中東地域の状況を、憂いと期待を持って見ている日本人グループとして、次の通りのメッセージを中東の人々に送る。

一．昨今の激動は中東諸国の幾世紀に渉る蓄積を背景としており、決して表面的な現象でもなく、またそれは大きな潮流を離れた突然変異でもないと見られる。

二．長期の軍事政権に対する抵抗の活動、選挙を初めとする民主的制度の実施努力、不正や腐敗を糾弾する人々の要求、そして伝統的な諸価値に対する再検討の呼びかけなど、様々な側面に激動の震源地が見出される。

三．同地域の人々も平和で安定し繁栄する社会を建設したいという願望は、世界の他の人々と全く同一であるとしても、その背景は固有で異なるものがある。その中からの新しい姿を模索している現状は、流動的であり安易な楽観論を許さない。

四．このように世界の中でも注目される窮状であるが、それに対しては域内諸国の人々の一層の忍耐と英知が強く求められる。中でも伝統の良さの継承とその柔軟な現実への適応という点が問題であろうが、域内諸国の人々、中でも有識者の尽力は必須である。

五．一つの価値や制度が全く変化しないで、そのまま人々に有効であるということは、歴史的に実例がないことは確かである。なぜならば、人間は変貌を遂げるからである。同時に確かなことは、現実に適応するための変化を包摂しつつ発揮される価値こそ本物である。

六、人間の持つ尊厳とかけがいのない価値を今一度確かめ、世界の平和と繁栄に貢献する諸原則や諸制度の創設と確立へ向けて、中東諸国の人々が確かな歩みを開始することを、われわれグループは大きな期待を持って呼びかけるものである。

おわりに――中東イスラム世界の流動化と日本人

二〇一五年という時期に、中東イスラム世界の現状は、決して明るいものではない。武装集団「イスラム国」の台頭に伴うイラクやシリアでの内戦の激化、イスラエルのガザ攻撃、リビアでの武装集団の実効支配、イエメンではシーア派の武装集団が首都の行政府の一部を占拠するなど中央政府の権威が失墜することになった。かつてはクリミア・タタール人というムスリムたちが居住していたクリミア半島はロシアに併合され、米国とロシアの緊張は、石油価格の下落や制裁などを背景にするロシアの経済危機もあって深刻になっている。日本はそうした世界の不安定の構図の中にいることを留意しなければならない。

紛争が起こる背景には武装集団も含めて政治指導者たちの責任は大きい。平和で、できるだけ多くの国と支え合い、来る時代への責任をもつためには政治指導者たちが誤ったかじ取りをしないように監視し、必要な時には声を上げ、行動することだ。ヨルダンで聞かれる声のように、日本は従来と同様に経済と文化交流の面で良好なイメージを維持し、日本人の安全を高めることを考えていくべきであろう。集団的自衛権が確立されて、自衛隊が中東イスラム世界の米国の軍事行動に参加することは二〇一五年の日本人人質事件に見られるように日本人を危険な環境に置き、日本の将来に大きな禍根を残すものと思っている。この「おわりに」では、「武力」によらない日本人の中東イスラム世界への関与がいかに中東・イスラム世界の平和や安定に貢献してきたかを紹介し、またイスラムの人々の平和を希求する切なる想いを明らかにして、集団的自衛権のような関わりではない、日本がこれまで培ってきた教育や福祉などへの支援のほうがこれからの国際社会への貢献にとって重要であるかをあらためて強く訴えたいと思う。

日本政府は、武器や装備品の輸出や購入を一元的に管理する防衛省の外局「防衛装備庁」（仮称）を発足させるつもりで、安倍政権には防衛企業の発展を成長戦略につなげたい意向がある。装備庁は武器や装備品の研究開発や輸出、購入に関わる業務を専門的に扱うとともに、輸出では国内の防衛産業に対し、どの武器・装備をどの国に輸出すればいいかアドバイスを行い、輸出交渉の窓口も担うという。

オバマ政権によるシリアの自称「イスラム国」やアルカイダに対する戦略は、「穏健」な武装集団に訓練を施し、米国の「洗練された」、破壊力の大きい武器・弾薬を提供し、アルカイダや「イスラム国」を攻撃させ、その「殲滅」を考えるというものだった。

しかし、シリア北部で米国と同盟していた「穏健な武装集団」である「アル・ハズム」

集団は二〇一五年三月上旬、アルカイダ系の「ヌスラ戦線」にアレッポで惨敗し、壊滅状態となった。その戦闘員たちの中にはヌスラ戦線のメンバーになった者たちもいて、米国が供給したT・O・W対戦車砲もヌスラ戦線に「持参」することになった。米国製の武器はこのように「穏健な武装集団」が敗退することによって、アルカイダ系組織や「イスラム国」の側に容易に渡るようになっている。米国はシリア国内で急速に「同盟勢力」を失うことになっている。アルカイダ系組織はイドリブ県などで「独立国家」を成立させるようになった。

この米国のシリアの「穏健な武装集団」に対する支援は日本にも教訓を与えるものだ。政府は自衛隊の海外派遣を随時可能にする恒久法を制定する方針で、自衛隊の活動内容や範囲を広げ、武器・弾薬提供の解禁も検討している。日本が世界の紛争を悪化させ、激化させる危うい方向に向かっていることは米国のシリア戦略の破綻が教えている。

二〇一四年一二月、ドイツの作家、ジャーナリストのユルゲン・トデフェファー氏は、イラクとシリアの「イスラム国」の支配地域からの取材から戻った。彼の「イスラム国」に対する感想は、欧米が理解しているよりも「イスラム国」は強力で、危険、欧米諸国はその脅威を過小評価しているというものだった。彼は「イスラム国」の取材では「イスラム国」が二〇一四年六月から支配するイラクのモスルでたいていの時間を費やし、やはり

「イスラム国」の拠点であるシリア北部のラッカやデイレッゾルも訪問した。

トデフェファー氏は「イスラム国」の目標が世界を支配することにあるという印象を得て、そのためには「イスラム国」の拡がる支配地域の「背教者」「シーア派、ヒンドゥー教徒」「多神教徒」「無神論」など五億人の人を殺さなければならないだろうという予測も耳にした。「イスラム国」にとっては欧米的な民主主義を推進しようとする者たちも「処刑」の対象となる。これらの人々は神の法よりも人間の法を優先させるからだ。「イスラム国」のメンバーたちにはかつてトデフェファー氏が戦場で接したことがないほどの自信や熱気がみなぎっていた。彼の印象は、世界の多くの人々の印象と同様に、「イスラム国」支配地域では全体主義的統治が行われている。

二〇一四年後半に行われた米国など有志連合軍の空爆も「イスラム国」の弱体化に役立たず、モスル、ティクリート、ファルージャなどイラクの主要都市は依然として「イスラム国」の堅い掌握下にあるというのがトデフェファー氏の理解である。

トデフェファー氏は、「イスラム国」支配地域を訪問する以前に八〇人に至るほどのそのメンバーたちと連絡をとって、自らの見解を伝えていた。「イスラム国」の側もトデフェファー氏が中東に対する欧米の干渉政策に反対してきたことを知っていたようで、それが、彼が取材から無事帰還することを可能にさせた。トデフェファー氏は一二月一六日にシリアからトルコ領内に入ったが、「イスラム国」が冷戦後の世界の中で最大の脅威であると述べた。彼は米国のブッシュ政権の代価が「イスラム国」であり、欧米は「いまそこにある危機」について十分な認識をもっていないと語っているが、日本もまたイスラム世界とのつき合いに慎重でなければ世界的な暴力に巻き込まれることになる。

平和や安定を創造する教育

日本政府が中東イスラム世界に対する教育支援に力を入れなければならないのは、平和が人々に与えられた基本的人権であり、特に暴力、紛争、失敗、貧困で苦しむ人々たちにとって最も手に入れたい「宝物」のようなものだからだ。それは集団的自衛権のような軍事力による貢献よりもはるかに重たい意味をこの地域の人たちにもっている。他者に対する慈しみ、他者の権利の尊重の心を育むことは、紛争に苦しむ地域の現状を次第に変えることになる。国際社会は、平等や信頼に基づく国家、あるいはコミュニティ、人々の間の関係を構築することによって、人類に対する脅威に協同、連帯して取り組み、現代世界が抱える矛盾の改善を図っていくことができる。

フランシスコ教皇は、世界は貧困層が置かれた状態に注意を払うように呼びかけているが、二〇一四年の時点で世界では一％の人々が世界全体の富の五〇％を手にしている。〇

ECD（経済協力開発機構）は、こうした世界の富の格差を改善するためにも、教育の必要性を説く。

二〇一四年末に、米国で問題になった、北朝鮮の最高指導者暗殺に関する映画「インタビュー」のように、暴力は映画、テレビの中に日常的にあふれ、そこでは人命が異様に軽く描かれる。こうした風潮に対して非暴力の考えは学校など教育の場で説かれなければならないが、特に暴力が席巻する中東イスラム世界には教育施設が不足している。

イスラエル国民は、パレスチナ人に対する強硬な主張を行うタカ派政治家たちの考えとは異なり、教育機関で平和について教えられることを望んでいる。昨年暮れにテルアビブ大学の教育に関する国際会議で公表された世論調査では六四・五％の人々が学校でパレスチナの伝統的に語り継がれた物語をイスラエルの教育機関で教えることに賛同した。また、五一％の人々がパレスチナの社会・文化を学校で学ぶことに賛成している。イスラエル国民の意識は自らが置かれたイスラエルを含む東地中海地域の歴史的発展や文化に関心がある。

他方で、二〇一四年はパレスチナ人たちにとって教育インフラに大きな損害を受けた年でもあった。イスラエルのガザ攻撃によって、攻撃が始まって二〇日余り経った七月末にはガザの九五以上の学校が避難所として使われ、教育機能を失った。イスラエル軍はガザ攻撃以前にも、ヨルダン川西岸ラマラ近くにあるビルゼイト大学、ジェニンのアラブ・アメリカン大学、東エルサレムのアル・クッズ大学を強引な方法で捜索を行った。イスラエルの軍事占領は、パレスチナ人の大学生や学童たちの通学をも阻害することになっている。

ヨルダン南部の都市マアンは砂漠の中にあり、人口は六万人ほどで、二〇一三年の失業率は一五％と、全国平均の一二・六％より高い。ヨルダンの中ではこの町が一番多くの若者たちを「イスラム国」に提供することになっている。マアンの二〇代の若者たちの失業率は三〇％に届くともいわれ、そうした絶望的な貧困状態とそれに伴う教育の欠如がこの国でも「イスラム国」への支持拡大となっている。教育が平和や安定に貢献することを、日本をはじめとする国際社会はよく認識しなければならない。

医療でパレスチナに貢献してきた日本

教育への支援は、日本が地道に活動を行ってきた分野で、それはパレスチナ和平の構築に関しても見られている。二〇一四年八月二六日、イスラエルとパレスチナ自治政府との停戦は成立し、イスラエルとハマスは軍事行動を停止すること、またガザに対する経済封鎖の緩和などが合意された。この停戦合意の内容は、この一〇年から繰り返されてきたものとほぼ同様だった。

二〇〇五年一一月に成立したイスラエル政府とパレスチナ自治政府の合意では、ガザとエジプトとの境界にあるラファではガザからの物資の輸出と人の移動が認められていたが、イスラエルはその後もガザへのコントロールを放棄することはなかった。ガザにあったイスラエル人の入植地は破壊され、ガザの人々に使用されることはなかった。二〇〇六年にハマスがガザで政権を掌握すると、イスラエルはガザに対して厳格な姿勢をとり、翌年から経済封鎖を行うようになった。さらに二〇〇八年から二〇〇九年にかけてイスラエルがガザを攻撃すると、国連安保理はイスラエル軍の完全な撤退とガザへの食料、燃料、医療活動を与えることが全会一致でも求められたが（米国は棄権）、イスラエルには軍の撤退を除いてこの国連安保理の決議に従う姿勢がなかった。

二〇一四年八月の停戦合意成立後も、イスラエルはガザに対する経済封鎖を緩める様子がなかった。またも、停戦合意が守られないようだと、戦災とともに、ガザの子供たちの健康への深刻な被害が懸念されている。

日本はガザを初めパレスチナの子供たちを支援する事業を展開してきた。ＪＩＣＡ（国際協力機構）は、パレスチナに対する「人間の安全保障」政策への一環としてパレスチナの妊産婦や乳幼児の健康改善のための取組みを行い、日本で発展した母子手帳をアラビア語で初めてパレスチナで作成し、二〇〇八年に本格的に使用されるようになった。

「手帳のおかげで、産前の危険な兆候やその対応の仕方を知りました」「母乳の適切な与え方を学びました。家族計画についても参考になる」「以前四回流産したけれど、手帳を読んで産前検診の大切さを知って、母子保健センターに行くようになりました。無事にこの子が生まれてとても幸せです」などの声が聞かれたという。

パレスチナ全土で母子手帳が普及できたのは、日本での研修が有効だったという。バーセム・アッリマーウィ・ラマラ県保健局長は「正直、日本に行くまでは自信が持てなかった。日本の経験を見聞きして、私たちも、手帳を活用することで、患者の情報を医療機関の間で共有し、共通の保健システムを構築できると確信した。また、日本人は伝統と地域社会を重んじ、互いを尊重する。勤勉で、明確な目標を持ち、達成するための計画を立て、素晴らしい国をつくってきた。そんな日本での研修はより説得力があった」と語っている。日本はガザなどパレスチナの人々に希望を与える国でずっとあり続けてほしいと願っている。

(http://www.jica.go.jp/publication/monthly/0807/01html)

作家村上春樹氏のメタファー（暗喩）

作家村上春樹氏がノーベル文学賞の受賞を逃した。二〇一三年に中央大学文学部の宇佐美毅教授は、『ハフィントンポスト』紙の中で、一九九四年受賞の大江健三郎氏と比較し、「大江氏の作品では、社会の中で少数派の人々の葛藤や原子力問題など、政治的・社会的問題が扱われるのに比べ、村上氏の作品はあまりそういう要素がみられない。そのため、村上氏の作品は強力なテーマや目的が欠けていると見られ、それがノーベル賞を受賞できない理由のひとつだろう」と分析している。

(http://www.huffingtonpost.jp/2013/10/07/haruki-nobel-prize_n_4060781.html)

ノーベル文学賞を受賞したフランスの作家パトリック・モディアノが脚本を書いた映画「ルシアンの青春」（一九七四年）は一七歳のルシアンがレジスタンス運動に入ろうとしたが拒まれ、ゲシュタポのスパイとなる。ゲシュタポで働くフランス人たちは、ルシアンを仲間として扱ってくれた。それは、下層階級出身で、疎外されていた彼には嬉しいことだった。しかし、ユダヤ人少女との恋愛によって、次第に人としての情感に目覚めていく……。

(http://yorimichim.exblog.jp/8097847/　など)

政治・社会的要素がないと指摘された村上氏がエルサレム賞を受賞したのは二〇〇九年二月。イスラエルがその前年一二月から一月にかけてガザ攻撃を行った直後のことだった。受賞については、批判もあったが、彼は授賞式で次のように述べている。

〈「高くて、固い壁があり、それにぶつかって壊れる卵があるとしたら、私は常に卵側に立つ」ということです。

そうなんです。その壁がいくら正しく、卵が正しくないとしても、私は卵サイドに立ちます。他の誰かが、何が正しく、正しくないかを決めることになるでしょう。おそらく時や歴史というものが。しかし、もしどのような理由であれ、壁側に立って作品を書く小説家がいたら、その作品にいかなる価値を見出せるのでしょうか？

この暗喩が何を意味するのでしょうか？　いくつかの場合、それはあまりに単純で明白です。爆弾、戦車、ロケット弾、白リン弾は高い壁です。これらによって押しつぶされ、焼かれ、銃撃を受ける非武装の市民たちが卵です。これがこの暗喩の一つの解釈です。〉

(http://ameblo.jp/nattidread/entry-11346558241.html)

イスラエルとの防衛協力に動く日本政府の姿勢、「高い壁」の側につくことに躊躇がないように思えるのだが、その「防衛協力」が日本とイスラム世界の間に「壁」をつくらなければよいと思っている。

自然と人間の調和

日本のアフガン支援はアフガニスタンでの人材育成とインフラ整備に特に力を入れてきた。ペシャワール会の中村哲医師は、住民が自立した生活力を確保するために必要なものは水利・農耕インフラだと考え、良質な水を得ることは人々の免疫力を高め、乳幼児死亡、結核、ハンセン病、伝染性消化器疫病の減少につながると考えた（ちなみにイスラエルの攻撃を受けたガザでは水不足で、住民たちの健康被害が懸念されている）。

ノンフィクション作家の澤地久枝さんは中村哲医師との共著『人は愛するに足り、真心は信ずるに足る』（岩波書店）のあとがきの中で次のように述べている。

「過去の政治の産物である多数難民が日常生活へ、ふるさとへ戻る道。働いて生きてゆける道を切りひらくこと。その最大緊急の前提として、沙漠化した農地に水を引くこと。山岳国家アフガン全土で、農地をとりもどす可能性をさぐる必要があろう。ことはアフガン一国の問題のようだが、おそらく地球環境の未来にもかかわっている」

アフガニスタンでも地球の気候変動がもたらす影響を感ぜられるようになり、山岳地帯からの水量が減ったため、乾燥に強いケシの栽培が盛んになった。

中村医師は「日本の良心の気力」を示そうという気概をもって井戸を掘ったり、灌漑施設を造ったりしてきた。水利施設の建設や整備には日本の伝統的な知恵や工法も参考にした。

中村医師は「今ほど切実に、自然と人間との関係が根底から問い直されている時はない」と語る。自然と人、さらに人と人の和解を探る以外、人間が生き延びる道はないという中村医師の主張は、いまの日本人が切実に傾聴すべきものだ。さらに人と人との信頼が本当の意味で自らを守り、その手段は武力ではないという言葉も日本外交の教訓と言える。

アフガニスタンでの「人財」育成事業は現在でも日本の団体によって続けられている。「シャンティ国際ボランティア会」は、家に眠っている貴金属や時計、ブランド品など「お宝」をアフガニスタンの学校の校舎づくりに役立てようという活動を開始した。詳細は次のページなどにある。

(http://www.asahi.com/and_M/information/pressrelease/CPRT201421901.html)

同ページによれば、ユニセフ「世界子供白書二〇一四」は女子の半数以上の五四%は学校に通っていない。そのため女性の五人に四人は文字の読み書きができないと報告しているという。「シャンティ」が支援を考えているのは、カブールの一一七四人が学ぶアブドゥラウフ・ベネワ校で、校舎が不足するために一日三回にわけて授業を行い、二四人クラス九五二人がテントでの勉学を余儀なくされているという。

二〇一四年に発生した広島や京都の土砂災害は中村医師がアフガニスタンで感じてい

る地球環境の変化と無縁ではない。中村医師のアフガニスタンでの支援の中に、日本人たちは環境を取り戻すという思いを馳せるべきことはいうまでもない。

中村哲医師は『アフガニスタンに平和の礎を』（ＪＩＣＡ研究所編・丸善プラネット、二〇一三年）の中で、「私たちは医療団体だが、医療行為をしていて非常にむなしい。清潔な飲料水と十分な食べ物さえあれば、おそらく八～九割の人は命を落とさずに済んだ。その苦い体験から、旱魃対策に取り組んでいる」と語っている。二〇〇三年三月アフガニスタン・クナール州のジャリババで用水路建設を始め、完工したのが二〇一〇年二月、およそ七年の歳月をかけ、延べ六〇万人の人々が工事に参加した。用水には「マルワリード（真珠）用水路」という名前が付けられた。この灌漑事業によって地域に緑を取り戻すことができ、二〇万人の人々が戻って生活するようになった。世界の四大文明がすべて大河の恵みの中で発達したように、人間の営みには水は欠かすことができない。

「現代のシルクロード」を構成する旧ソ連から独立した中央アジアでも、アムダリア川に沿って点在するオアシスに人々が集中して住んできた。中央アジアの両端に位置する地域は、雨量が中央部よりも多く、この地域の山々やステップ高原が牧畜活動を支えてきた。

しかし、二〇〇〇年からおよそ一〇〇〇万人の人口が増えた中央アジアでは現在水不足が深刻になり、耕作地は限定され、また土壌の過剰な使用で地味が痩せるようになり、農業技術は発展せず、生産性が低下している。旧ソ連時代はキルギスとタジキスタンが水をカザフスタン、トルクメニスタン、ウズベキスタンに提供し、その見返りとして、石炭やガス、電力を得ていた。ソ連崩壊後、中央アジア諸国の間では水やエネルギー資源の分配システムが十分に発展しなかった。中央アジアのウズベキスタン、タジキスタン、キルギスにまたがるフェルガナ盆地ではいわゆる「イスラム過激派」の活動も見られてきたが、その背景には人口増加に見合うだけの耕作地がないという問題もある。

中村医師が支援するアフガニスタンの場合もそうだが、水資源の確保、農業用地の拡大はまさに政治の正当性を訴え、政府への国民の信頼を確保し、政治的安定を実現するよい機会や手段で、世界各地の紛争や平和構築を考える場合にも「水」の要素抜きでは考えられない。

日本人の安全保障に貢献する日本の製品

米国に軍事的に貢献することだけが日本人の安全保障を高めるわけではない。関西テレビ制作「世界でバカウケＪＡＰＡＮ」（二〇一四年八月二四日放送）によれば、ドバイで日本の中古自転車（ママチャリ）が、人気があるそうだ。日本のママチャリは、パンクも故障もしにくい。現地の人々の衣服もからみにくい。この番組では、ドバイ・モールで売られる札幌ロイズの生チョコと、衣類圧縮袋が紹介されていた。

日本の中古品はアラブ首長国連邦の一つの首長国であるシャルジャのフリーゾーンが拠点となって、中東の他の諸国・地域、アフリカに輸出されていく。中古品には、自転車、自動車、自動車のパーツ、家電製品などが含まれる。

日本の昔の巨大なオーディオ製品もよく売れるという。実際に日本で使われ、日本から持ってきたということが、「丈夫で長持ち」の証明になるそうだ。「一〇年前に買った日本製のテレビが、まだ壊れずに使えている」といって日本製を愛用する人もいる（『就職ジャーナル』）。

少し前のデータだが、ドバイの炭酸飲料の輸入額は、二〇一〇年は前年比で一三・八％増だった。そのうち、日本がトップシェアの七九・五％で、二位オーストリアの六・九％を大きく引き離した。日本産飲料は、「オロナミンC」などの炭酸飲料のほか、スポーツドリンクとしての「ポカリスエット（大塚製薬）」や「スポーツウォーター（ポッカコーポレーション）」、エナジードリンクの「リポビタンD（大正製薬）」など水分補給や、栄養補助ドリンクだ（ジェトロより）。中東の人々から日本でかつて強調されていた徳を思い出させるかのようだが、日本製品に対する信頼は良好な日本や日本人への感情もつくり出している。

それは、日本人の安全保障にも役立つだろうし、こうしたイスラム世界の人々の感情を大事にしたい。

平和を求めるイスラムの人々、ハーフェズの詩より

「イスラム国」の台頭など近年イスラム世界には「暴力」のイメージが付きまとってい るかもしれない。

フリージャーナリスト杉下恒夫氏はＪＩＣＡ（国際協力機構）のページの中で、ご自身のオフィスの近くにあるイラン人が経営する絨毯屋で玄関マット用の絨毯を買うと、その絨毯屋のご主人からイランの景勝地や遺跡の写真に、イランの絨毯の各産地の特徴があるデザインが紹介されたカレンダーが届いた。そのカレンダーの各月のページにはイラン（ペルシア）の詩人たちの名言や古事成句が書かれてあるという。たとえば、サーディーの「宝を手に入れたければ努力あるのみ。収穫するには種を植えること」、フィルダウスィーの「力ある人とは知識を持つ人だ。知識の光は老人の心さえ明るくする」などだが、杉下氏が最も強い印象を受けたのは、ハーフェズ（一三二六年？～九〇年頃）の「世の平和は二つで成り立つ。仲間には友情、敵には忍耐」という詩の一節だったという。

（http://www.jica.go.jp/mobile/aboutoda/odajournalist/2013/318.html）

イランの詩人たちの名言には人間の普遍的な価値を伝えるものが多々あり、その無常観

などは日本人の精神風土との共通性がある。ハーフェズは約五〇〇のガザル（抒情詩・恋愛詩）を残したが、ドイツの文豪ゲーテは「ハーフェズよ、あなたの言葉は永久的な名言に等しい」と絶賛し、また哲学者のニーチェは、ハーフェズの詩を「壮麗な建造物」と形容したように、イラン人に広く愛好されるハーフェズの情感は西欧世界でも称賛されて受け入れられた。

平和を求める想いは、ハーフェズの詩の一節のように、万人に共有されるもので、「イスラム国」などの暴力が席巻する中東イスラム諸国でも同様であることはいうまでもなく、日本人も「イスラム＝暴力、テロ」といった見方は控えるべきだろう。

少女のノーベル平和賞受賞と、イスラム、女子教育

二〇一二年一〇月に「パキスタン・タリバン運動（ＴＴＰ）」に銃撃されたマララ・ユースフザイさんが一七歳という最年少で二〇一四年のノーベル平和賞を受賞したが、ノーベル平和賞に政治的意図があるとすれば、女子教育を否定するＴＴＰやイスラムの極端な解釈で暴力を繰り返す「イスラム国」へのアンチテーゼという意味もあっただろう。

もとより、イスラムの主流の考えでは女子教育を禁じていない。イスラムのハディース（預言者ムハンマドの言行を記録したもの）には「男子であれ、女子であれ、すべてのムスリムには知識を探求する義務がある」という教えがある。マララさんは、「テロリストがしていることはイスラムに反しています。イスラムは平和の宗教です。イスラムは平等、同胞意識、友情、平和を教えて、互いに優しく、親切であるべきことを説きます」と語っている。また二〇一三年一〇月、米国のオバマ大統領に会った時に「米国の無人機がテロリストの活動を助長します」とも発言した。

マララさんが生まれ育ったスワートを含むパキスタンの「連邦直轄地域FATA」は、マララさんの事件によって世界的な注目を集めたものの、その状況は一向に改善されてない。FATAの混乱はパキスタン社会に重大な暗い影を投げかけてきた。パキスタン政府とTTPの交渉も進捗がなく、パキスタン政府は軍事的な解決に乗り出した。二〇一四年六月に部族地域北ワズィーレスタンの武装勢力（TTPを含む）への大規模な軍事作戦を展開するようになったが、その結果一〇〇万人余りの人々が国内避難民となり、パキスタン社会はいっそう混乱しているのが実情だ。

マララさんが訴えるイスラム世界の女子への教育の普及は、女性の社会的進出をもたらし、出生率を下げることになり、その結果職にあぶれる若者たちの数を減少させることになる。TTPや「イスラム国」に吸収される若者たちは、欧米諸国出身者も含めて職がないという社会的敗北感からその活動に加わるケースが少なくない。日本をはじめとする国際社会には、若いマララさんの主張や活動を称賛するとともに、彼女の向き合わなければならなかったパキスタン部族地域の厳しい現実にも目を向けてほしい。

日本で二〇一四年一二月に総選挙が行われたが、日本では二〇歳になれば誰でも選挙権を与えられる。しかし、二〇一四年総選挙の投票率は、五二・六六%と戦後最低の記録を更新した。国民全員が投票の権利を得るには先人たちの多くの努力があった。日本で普通選挙法が実施されたのは一九二五年、それ以前は高額な納税者のみに選挙権があったが、二五歳以上の男子に選挙権が認められるようになった。婦人参政権はさらに苦難の道を経て実現した。「婦人参政権獲得運動」は一九一八年に第一次世界大戦が終了すると、世界各国で盛り上がっていったが、日本では敗戦後の一九四五年一二月に、衆議院議員選挙法改正法が成立し、婦人にようやく選挙権及び被選挙権が認められた。

女性の政治への参加の重要性に対する認識は国際社会でも広く認められるようになった。二〇〇〇年一〇月、平和構築における女性の参加に関する決議である「女性・平和・安全保障に関する国連安保理決議第一三二五号」が国連安全保障理事会において採択され、国家、地域、さらには国際的な制度、あるいは紛争予防や紛争解決における平和や安全保障に女性の平等な参加が訴えられた。

中東イスラム諸国のイラクとシリア、パレスチナ、またリビアの紛争では女性と子供たちが最も負の影響を受けている。イギリスに拠点を置くNGO組織「シリア人権監視団（SOHR）」によれば、二〇一四年八月までにシリアでは一九万人余りの人々が犠牲になったが、そのうちの六〇〇〇人が女性で、九四〇〇人余りが子供たちであった。七月から八月にかけて行われたイスラエルのガザ攻撃では、二二〇〇人以上のガザの人々が犠牲になったが、そのうちの四五九人が子供たちで二三九人が女性であった。

「国際市民社会ネットワーク（the International Civil Society Action Network：ICAN）」は二〇一四年一一月にトルコで会議を開催し、過激主義と暴力が中東の女性たちが直面する重大な脅威だと結論づけた。中東では、宗教に正当性を求める暴力、経済的困難、また公的な生活範囲の限定などの問題に女性たちは苦しめられていると会議では訴えられた。ICANは、女性たちが依然として国際政治や社会の決定プロセスから排除されていることを指摘し、紛争や暴力に苦しむ女性たちの政治参加が平和の構築に貢献すると主張している。

死者と生者

天皇陛下は二〇一五年の「新年のご感想」で次のように述べられた。

〈本年は終戦から七〇年という節目の年に当たります。多くの人々が亡くなった戦争でした。各戦場で亡くなった人々、広島、長崎の原爆、東京を始めとする各都市の爆撃などにより亡くなった人々の数は誠に多いものでした。この機会に、満州事変に始まるこの戦争の歴史を十分に学び、今後の日本のあり方を考えていくことが、今、極めて大切なことだと思っています。〉

悲惨な戦争を体験された陛下の率直なお気持ちの表れだったのだろう。アジア・太平洋戦争は満州事変を契機にしているが、それ以前の、明治期以降の富国強兵政策や他の帝国主義諸国との競合という歴史的文脈も日本人として思い起こしたほうがよいかと思う。「帝国主義」、あるいは「新植民地主義」的な姿勢は、現在の国際社会の中にも少なからず存在し、米国によるイラク戦争、ロシアによるクリミア半島の併合、また中国が二〇一四年一二月中旬に「イスラム国」への戦いに参加することが報じられたが、これはいずれも「帝国主義」と形容してもよいものだ。中国は、軍事力でそのイラクにおける石油権益を守ることを視野に入れている。

歴史を省察して、同じ過ちを繰り返さない、将来の世代に禍根を残さないのが今を生きる者たちの責任である。イラン現代史の史料集に「過去は将来の道を照らす灯である

Gozashteh Cheragh Rah-e Ayandeh Ast」というタイトルのものがあったが、まさにその通りだ。

歴史家で、戦後、一橋大学学長を務めた上原専禄は、此岸（しがん：この世）における審判の主体として永存する死者もあるとした。そのような死者の例として上原が挙げているのは広島、長崎、東京やアウシュビッツ、アルジェリア、ソンミなどでの虐殺をはじめとして無念の中で死んでいった犠牲者たちであり、現在生きている者たちはこれらの死者の媒体となって、死者の審判を現世に活かしていかなければならないと説く。生者は死者がどのような心持であり、どのような意志や希望をもつかについて反芻しながら考察し、それを自らの指針として咀嚼することによって現代社会の中で実現させていくことを上原は主張した。

パレスチナ自治政府のアッバース議長は二〇一四年一二月三一日、国際刑事裁判所（ICC、オランダ・ハーグ）を規定するローマ条約に署名した。パレスチナ自治政府に毎年四〇〇億円の支援金を支出する米国議会の歳出法は、パレスチナがイスラエルを「戦争犯罪」でICCに訴えた場合には支援を制限するとしている。二〇一四年夏のガザ攻撃などで非業の死を遂げてきたパレスチナの人々は、イスラエル・ネタニヤフ政権やそれを支援する米国政府をどう裁くであろうか。

イスラムの人びとに銃を向ける可能性

日本は、第二次世界大戦で無謀な戦争を行い、破滅への道へと突き進んでいった。戦後は、平和国家として目覚ましい経済発展を遂げた。日本人には貴重な歴史の教訓と、平和の恩恵がいかに大切なものであるかを理解できる背景がある。その意味でも日本には国際社会の安全や平和を構築するための知恵や技術が備わっている。戦争を発生させる要因は現代世界に数多く存在する。いかに紛争を予防していくか、日本をはじめとする国際社会の工夫や努力は常に求められていることはいうまでもない。

米国はイラク戦争を十分に検証することなく、二〇一四年八月に再びイラクへの空爆に踏み切った。二〇〇三年のイラク戦争を契機とする占領期に、米軍は拷問など人権侵害をイラク人に対して繰り返し、裁判なしでイラク人たちを不当に長期に拘留することもあった。また、イラク開戦にあたっては、ブッシュ政権の高官たちはイラクが大量破壊兵器を保有していると虚偽の説明を米国民に行い、戦争に突き進んでいったが、虚偽の説明を繰り返した政府高官たちの責任を司法の場で追及する動きはなかった。新たにイラクで始められた米国の軍事行動は「過去のことは容易に忘れてしまう」という米国の戦争体質を表している。

米国のイラク空爆の長期化、地上軍の派遣の可能性すら指摘されるようになっているが、「攻撃は人道的、市民の生命を守るためのもの、また国益を擁護し、短期に終わる」など、いつものフレーズが米国政府によって繰り返されるようになった。しかし、それらは必ずといってよいほど実現していない。イラク戦争は米国の深刻な財政赤字をもたらし、ブッシュ大統領が二〇〇三年五月に「戦闘終結」を宣言したにもかかわらず、米軍は二〇一一年まで駐留を続けた。

ただ米国におもねるような外交は国際社会での日本の信用を落とすだけであり、毅然とした主張ができないことは他国からも甘く見られることになる。日本政府にはいうまでもなく、国民の利益を最優先する外交政策を追求し続けてほしいが、それが米国の戦争や、その軍事戦略に積極的に協力することではないことは確かだろう。

二〇一五年三月一三日、政府は国連平和維持活動（ＰＫＯ）以外で自衛隊が行う人道的な活動として、復興支援のほか、「停戦監視」と「安全確保」の治安維持任務を可能にしたい意向を与党協議会に説明した。ＰＫＯ（国連平和維持活動）協力法を改正し、武器使用が現在の「隊員の生命・身体を守るため」だけでなく、「任務遂行を妨害する行為を排除するため」にも行われることになる。たとえば、自衛隊がイラクに派遣されて自称「イスラム国」が住民を襲撃している場合にも自衛隊の武器使用が可能になる。かりに現地の人を自衛隊が殺害するという事態になれば、日本のイメージは著しく低下し、最近日本人二人が犠牲になる事件が発生したが、日本人の安全はいっそう危険にさらされることになるだろう。

どうしてこの政権はこう突っ走ってしまうのだろうと思ってしまう。パレスチナ・ガザ地区を攻撃し、二一〇〇人以上の犠牲者を生み、またヨルダン川西岸に入植地を拡大するなど様々な国際法に違反するイスラエルとの防衛協力を行うようにもなった。

これらの一連の動きで誰が最も利益を得るかは防衛関連産業であることは明らかである。安倍政権になって二〇一三年度に一一年ぶりの増額になったのを契機に三年連続で防衛費は増額している。二〇一五年度の防衛費は四兆九八〇〇億円となった。

日本の代表的な防衛関連産業である三菱重工は、防衛・宇宙事業で航空機、艦艇などの売却による収入が伸び、二〇一四年三月期の連結決算は、経常利益が前年同期比二二・九%増の一八三一億円と増益となった。これが防衛予算の増額と関連するものであることはいうまでもない。

(http://response.jp/article/2014/05/12/222986.html)

軍産複合体が米国の戦争をつくってきたことはかねがね指摘されているところだ。

二〇一一年に米国は六六〇億ドルの売却契約を結び、それは全世界の市場の八〇%を占めた。

(http://www.propublica.org/documents/item/798407-hartung-ipr-0713-economic-illogic-arms-export.html)

米国の軍産複合体は、アイゼンハワー大統領が一九六一年にその離任演説の際に危険性を指摘した通り、米国を戦争に絶えず仕向ける重大なファクターとして作用している。米国の軍需産業は戦争によって巨額の利益を得て、また国防総省は軍需産業のために予算を獲得してきた。

私たち日本人も現在、軍産複合体がつくる危険の中にあるといえないだろうか。日本の軍産複合体が国民を不幸にする事態に絶対になってはならないと思う。

安倍首相は、「日米両国がアジア太平洋地域で主導的役割を果たす上で、日米同盟に基づく協力を堅持、強化することが重要だ」と常々主張している。現行憲法は米国が押し付けたものとして「戦後レジーム」を否定するが、政治・軍事的に「強い日本」をつくることを目指し、米国との集団的自衛権を行使して海外派兵も可能にすることも考えている。支離滅裂な感じがするが、集団的自衛権による日本の海外派兵によって、イスラムの人々に自衛隊（あるいは「国防軍」）が銃を向けるような事態にはなってほしくない。

安倍首相は二〇一五年三月二〇日の参議院予算委員会で自衛隊のことを「わが軍」と表現した。安倍政権下では、「ナチスを真似たらいい」という麻生副首相兼財務相の発言や「八紘一宇」を唱えた三原じゅん子自民党参議院議員など、まるでタイムマシーンで戦前に回帰するような発言が国会内では続く。

安倍首相の「わが軍」という発言は「陸海空軍その他の戦力は、これを保持しない。国の交戦権は、これを認めない」という憲法九条の第二項もまったく理解していないことになる。

安倍首相の「戦後レジームからの脱却」という主張は、「戦前への回帰?」「また、富国強兵?」と思ってしまう。私は石橋湛山のような「主権の範囲」を日本本土のみで、軍事負担を少なくし、「通商国家」としての日本の繁栄を考えた「小日本主義」で、米国だけではないバランスがとれた外交を目指したほうがはるかによいと考えている。

［著者紹介］

宮田 律（みやた・おさむ）「はじめに」、Ⅱ章、「おわりに」担当
現代イスラム研究センター理事長。1955年生まれ。慶応義塾大学大学院文学研究科史学専攻修了。ＵＣＬＡ大学院（歴史学）修了。専門は現代イスラム政治、イラン政治史。著書『現代イスラムの潮流』（集英社新書）『中東イスラーム民族史』（中公新書）『アメリカはイスラム国に勝てない』（PHP新書）ほか

山本武彦（やまもと・たけひこ）　Ⅰ章担当
早稲田大学名誉教授。現代イスラム研究センター副理事長。1943年生まれ。早稲田大学大学院政治学研究科修了。早稲田大学政治経済学術院教授、米国ジョージア大学客員教授、オックスフォード大学客員研究員、ハーバード大学研究員等を歴任。博士（政治学）。著書『安全保障政策』（日本経済評論社、日本公共政策学会2010年度作品賞受賞）ほか

木村修三（きむら・しゅうぞう）　Ⅲ章担当
神戸大学名誉教授。1934年生まれ。早稲田大学政経学部卒。参議院外務委員会調査室主任調査員、神戸大学法学部教授（国際関係論専攻）、姫路獨協大学学長など歴任。専門分野は軍備管理・軍縮問題と中東の国際関係。著書『中東和平とイスラエル』（有斐閣）ほか

水谷 周（みずたに・まこと）　Ⅳ章担当
アラブイスラーム学院学術顧問、日本ムスリム協会理事、現代イスラム研究センター理事。1948年生まれ。京都大学文学部卒、カイロ大、ロンドン大を経て博士（中東史、ユタ大）。イスラームを日本になじみやすい形で紹介することを目指す。著書『イスラームの善と悪』（平凡社新書）『イスラーム信仰叢書』全10巻（総編集、国書刊行会）ほか

集団的自衛権とイスラム・テロの報復

2015年4月30日　第1刷発行

著者　　宮田 律　山本武彦　木村修三　水谷 周

発行者　辻一三

発行所　株式会社青灯社

東京都新宿区新宿 1－4－13

郵便番号 160－0022

電話 03－5368－6923（編集）

03－5368－6550（販売）

URL http://www.seitosha-p.co.jp

振替　00120－8－260856

印刷・製本　株式会社シナノ

Printed in Japan

ISBN978－4－86228－079－4　C0031

小社ロゴは、田中恭吉「ろうそく」（和歌山県立近代美術館所蔵）
をもとに、菊地信義氏が作成